"十四五"职业教育国家规划教材

互联网+教育改革新理念教材

从零到卓越
——创新与创业导论

主编 何雪利 王永祥

教·学
资 源

上海交通大学 出版社
SHANGHAI JIAO TONG UNIVERSITY PRESS

内容提要

　　本书从实用角度出发，系统讲述了创新与创业的相关知识。全书共八章，内容主要包括初识创新与创业、创新与创新素养培养、创新发明与创新成果保护、创业机会与创业风险、创业者与创业团队、创业资源与融资、创业计划、新创企业管理。每章均设计有拓展训练项目，旨在全面培养与提升大学生的创新创业素质。

　　本书既可作为职业院校创新创业教育课程的教材，也可作为广大青年朋友进行创新创业学习的参考用书。

图书在版编目（CIP）数据

　　从零到卓越 ： 创新与创业导论 / 何雪利，王永祥主编. -- 上海 ： 上海交通大学出版社，2022.7（2024.2 重印）
　　ISBN 978-7-313-26631-6

　　Ⅰ．①从… Ⅱ．①何… ②王… Ⅲ．①大学生－创业－高等职业教育－教材 Ⅳ．①G717.38

　　中国版本图书馆 CIP 数据核字(2022)第 031247 号

从零到卓越——创新与创业导论
CONG LING DAO ZHUOYUE —— CHUANGXIN YU CHUANGYE DAOLUN

主　　编：	何雪利　王永祥			
出版发行：	上海交通大学出版社	地　　址：	上海市番禺路 951 号
邮政编码：	200030	电　　话：	021-64071208
印　　制：	北京同文印刷有限责任公司	经　　销：	全国新华书店
开　　本：	880 mm×1230 mm　1/16	印　　张：	12.5
字　　数：	310 千字		
版　　次：	2022 年 7 月第 1 版	印　　次：	2024 年 2 月第 3 次印刷
书　　号：	ISBN 978-7-313-26631-6		
定　　价：	46.00 元		

时代发展呼唤创新创业。当代大学生是时代责任的担当者，是实施创新驱动发展战略和推进大众创业、万众创新的生力军。高等教育阶段是大学生学习知识、培养能力、发展智力、丰富阅历、积累经验、筹划职业、尝试创业的黄金时期，也是大学生步入社会的重要准备期。随着我国"大众创业、万众创新"热潮的蓬勃兴起，作为担负培养人才、科学研究、服务社会、传承文化使命的高校，创新创业教育理应走在前列，努力培养大学生的创新精神和创业意识，不断提升大学生创新创业能力。

创新创业，是国家发展之根，是民族振兴之魂。大学生就业创业服务事关经济发展和民生改善大局，关乎社会稳定，党中央、国务院对此高度重视。为深入贯彻党的十九大报告和二十大报告精神，全面落实国家大众创业、万众创新的方针政策，各地各高校均已积极行动，从健全就业创业工作机构、建立创新创业教育课程体系、创新人才培养机制、配备指导教师、开辟专用场地、加大经费投入、改进创业指导服务等方面促进大学生创新创业，努力做到"机构、人员、场地、经费"四到位，以推动大众创业、万众创新持续蓬勃发展。

基于以上形势和创新创业的实践过程，我们借鉴国内外先进创新创业理论，对本书进行合理架构与内容编写。本书共八章，内容主要包括初识创新与创业、创新与创新素养培养、创新发明与创新成果保护、创业机会与创业风险、创业者与创业团队、创业资源与融资、创业计划、新创企业管理。

此外，为贯彻党的二十大精神，我们还结合创新创业课程的教学内容，进一步修改完善了本书。整体而言，本书具有以下特点。

1. 立德育人，润物无声

本书将立德育人的教育理念贯穿知识学习中，通过设置"砥节砺行"栏目和在正文、案例、实践活动中有效融入德育元素，引导学生树立正确的创新创业观念，潜移默化地培养学生志存高远、拼搏进取的精神及民族自豪感与自信心，引导学生树立正确的价值观。

2. 校企合作，职业引领

本书在编写过程中得到了相关创业企业的支持，书中所选取的案例都是与创新创业紧密相关的，可以使学生更好地理解和认识所学知识，锻炼学生的创新思维和创业技能，帮助学生更好地培养创新意识、提升创业能力。

3. 全新形态，全新理念

本书切实融入活页式理念，按照"必需、够用、兼顾发展"的原则组织内容，设有"问题导入""知识链接""案例阅读""拓展训练"等体例，重点突出学生创新创业实践能力的培养，从而真正做到以学生为中心，在激发学生学习兴趣的同时，引导让学生在做中学，在学中做，化被动为主动，切实提高课堂效率。

4. 平台支撑，资源丰富

本书提供了丰富的配套教学资源，包括微课视频、在线题库、优质课件、精品教案等，读者可以借助手机或其他移动设备扫描二维码获取相关内容的微课视频，从而更方便地理解和掌握本书内容；读者可以登录文旌综合教育平台"文旌课堂"（www.wenjingketang.com）下载其他资源。如果读者在学习过程中有什么疑问，也可登录该网站寻求帮助。

此外，本书还提供了在线题库，支持"教学作业，一键发布"，教师只需通过微信或"文旌课堂"App 扫描扉页二维码，即可迅速选题、一键发布、智能批改，并查看学生的作业分析报告，提高教学效率、提升教学体验。学生可在线完成作业，巩固所学知识，提高学习效率。

本书由何雪利、王永祥担任主编，辛维金、戴芳、曾兰燕、牟影、刘锋、司徒巧敏、柳作豹、王细红担任副主编，陈昉、张乐宇、陈金兰、刘云娇、孙佳婷参与编写。

在编写本书的过程中，我们参考和借鉴了国内外大量创新创业教育研究方面的文献资料、网络资源和相关的研究成果，以及一些专家学者的理论和观点，在此深表谢意。另外，本书涉及大量案例，其中部分案例来源于互联网和一些非正式出版物，已标注出处，部分没有注明出处的案例均为自编或者根据真实事件改编。

由于编者水平有限，书中存在的不足和错漏之处，敬请广大专家、同行和读者批评指正。

CONTENTS 目录

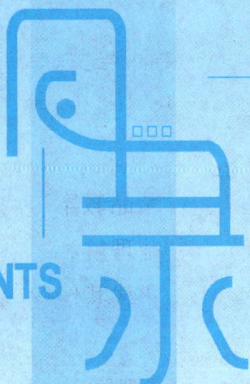

项目三　保护创新发明与创新成果

项目四　识别创业机会与创业风险

项目五　组建创业团队

项目六　管理创业资源，学会创业融资

项目七　制订创业计划

项目八　管理新创企业

附录　创新创业相关大赛

参考文献

项目一

初识创新与创业

自我思考

　　中国共产党的主要创始人之一李大钊同志说过，青年要"为世界进文明，为人类造幸福。以青春之我，创建青春之家庭，青春之国家，青春之民族，青春之人类，青春之地球，青春之宇宙，资以乐其无涯之生"。当代大学生是时代责任的担当者，是经济建设和社会建设的生力军。如何迎接与融入"大众创业、万众创新"（简称"双创"）的新时代，是每一位大学生都应该认真思考的问题。

　　请同学们想一想：你是如何理解创新创业的？你能列举一个你熟悉的亲戚或朋友创业成功或失败的事例吗？你认为他（她）为什么会创业成功（或失败）？你了解我国的创新创业政策吗？

学习目标

知识目标：

- 了解创新的概念，熟悉创新的类型。
- 了解创业的概念，熟悉创业的过程，掌握创业的要素和创业的能力。
- 了解"大众创业、万众创新"政策和大学生自主创业优惠政策。

能力目标：

- 能够发现自身能力的不足，并制订科学的能力提升计划。
- 具备分析和利用创业政策的能力。

素质目标：

- 树立创新意识，领会我国实施创新战略的重要意义。
- 树立创业意识，自觉提升创业能力，为创业做好准备。
- 领会"大众创业、万众创新"政策精神，领悟国家给予大学生创新创业政策支持的意义。

项目导入
XIANGMU DAORU

残疾青年的创新之路

吕伟涛来自汕尾市海丰县，未满周岁时的一场重病导致他双腿残疾，无法直立行走。12岁时，他把畸形的双腿捆在床板上，在没有麻醉的情况下，硬是忍着剧痛将腿脚拉直了，这为他学会使用拐杖行走创造了条件。初学使用拐杖时，吕伟涛一移动拐杖，就会重重地摔在地上，但是他并没有放弃，每一次都艰难地爬了起来。在经历了一次又一次的摔跤后，吕伟涛终于靠拐杖站了起来！

在能够借助拐杖站立行走后，吕伟涛开始渴望上学读书。13岁那年，他靠着平时自学积累的知识，给村小学的校长写了一封信，表达了自己对读书的渴望。校长被他的真诚打动了，破例同意让他直接入读小学六年级。入学后，吕伟涛拼命学习。半年后，他如愿考上了初中，后来又考上了县重点高中。在学校里，他先后担任班长、团支书、学生会主席等职务，成了同学们学习的榜样！

高中毕业后，为减轻家庭负担，吕伟涛毅然选择外出打工。经过半个多月的奔波，他只找到了一份没有底薪的销售工作。有一次，他正要去拜访客户，却下起了大雨。为了如约见到客户，无法撑伞的吕伟涛艰难地拄着拐杖走在倾盆大雨中。当他浑身湿透地出现在客户面前时，客户由衷地向他竖起了大拇指，并和他签订了一大笔订单。很快，吕伟涛就晋升为公司的业务主管。

在日常生活体验及与各地残疾朋友的交流中，吕伟涛发现残疾人用品存在着许多缺陷，束缚了残疾人的发展空间。于是，他萌生了改进残疾人用品的想法，希望通过创新改变残疾人的生活。他自学了机械、电子和材料等相关专业知识，动手制作模型、样品，并亲自试用，同时也寄给各地的残疾朋友试用，然后根据自己和朋友的使用感受，对产品进行改进。

吕伟涛省吃俭用，把有限的资金都花在了购买材料和工具上。经过几年的研发，他做出了一系列广受残疾人好评的产品。例如，他发明的汽车手动刹车、油门控制装置不仅获得了国家专利，而且推进了下肢残疾人驾驶汽车合法化的进程。

吕伟涛的另一项国家专利发明——关节式防滑拐杖头，在各类环境中都能做到既防滑又耐用，为残疾人的生活带来了极大的方便！投入量产后，该产品还被汕尾市残疾人联合会、南京市残疾人联合会、北京市残疾人联合会等机构采购来发放给有需要的人。

吕伟涛先后被评为"广东省残疾人十佳创新人物""汕尾市高级拔尖人才"，同时被选为汕尾市肢残人协会副主席。此外，他还获得了"广东省青年五四奖章""全国自强模范"等荣誉，并受到了国家及省市领导的亲切接见。这些荣誉对他来说既是一份肯定，也是一种责任，更是一种把创新发明转化为产品的动力。

资料来源：http://dangjian.people.com.cn/n/2015/0318/c394844-26714240.html，有改动

砥节砺行

艰难的生活，铸就了吕伟涛坚强不屈、开拓创新的个性。作为一名残疾人，吕伟涛在做好自己的同时，尽自己所能，为残疾人群体和社会做了很大的贡献。作为当代大学生，我们更应该走在创新创造的前列，做锐意进取、开拓创新的时代先锋，为祖国和社会做贡献。

任务一　认知创新

名人语录

道在日新，艺亦须日新，新者生机也，不新则死。

——徐悲鸿

想别人不敢想的，你已经成功了一半；做别人不敢做的，你就会成功另一半。

——爱因斯坦

问题导入

创新是民族进步的灵魂，是一个国家兴旺发达的不竭源泉，也是中华民族最深沉的民族禀赋。在进行下面的学习之前，请同学们思考以下问题。

（1）创新是什么？在日常生活中，你有过创新行为吗？

（2）如何创新？

知识链接

一、创新的概念

什么是创新？

创新是指以提出有别于常规或常人思路的见解为导向，利用现有的知识或物质，在特定的环境中，本着理想化需要或满足社会需求而改进旧事物或创造出新事物、新方法、新元素、新路径、新环境等，并获得一定有益效果的行为。

创新有三层含义：一是更新，二是创造新的东西，三是改变。也就是说，并不是只有重大的发明创造才是创新，对各种产品、工作方法、商业模式、服务模式等的改进都属于创新。

二、创新的类型

创新主要分为产品创新、技术创新、制度创新、职能创新和结构创新。

（一）产品创新

产品创新是指研发和生产出性能更好，外观更美，使用更便捷、更安全，更符合环境保护要求的产品，以更好地满足人们的需求。产品创新可从以下三个层面来实现：

（1）开发具有新功能的产品。例如，某 3D 打印企业在原有产品的基础上研发了具有打印平台自动调平功能的新型产品。

（2）优化产品结构。例如，企业通过优化电子产品的结构，使产品变得轻、巧、小、薄，更加节能环保。

（3）改进产品外观。例如，某电子产品公司曾推出彩壳流线型 PC 机（个人计算机），以提高市场占有率。

（二）技术创新

技术创新是指采用新的生产方法或新的原料生产产品，以达到提升质量、降低成本、保护环境，或使生产过程更加安全和省力的效果。技术创新可从以下四个层面来实现：

技术创新案例

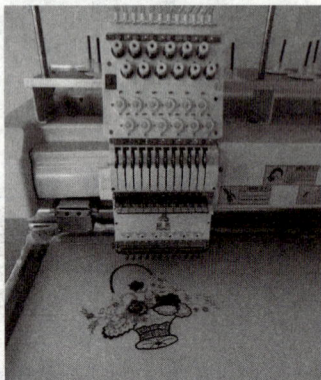

（1）革新工艺路线。例如，用精密铸造、精密锻造、粉末冶金技术代替金属切削技术来生产复杂的机械零件，可大大缩短生产周期，降低成本。

（2）替代和重组材料。例如，从环保角度出发，以农产品为原料生产的一次性水杯、餐具和包装盒等工业产品。

（3）革新工艺装备。例如，用电脑绣花机（见图 1-1）代替手工绣花，用数控机床（见图 1-2）代替手动操作机床，等等。

图 1-1　电脑绣花机

图 1-2　数控机床

（4）革新操作方法。例如，用更省力、更高效的操作方法，代替一些传统的、不适应现代技术进步的操作方法。

（三）制度创新

制度创新是指从社会经济角度对企业的生产方式、经营方式、分配方式、经营观念等进行调整和变革，以推动企业发展和社会进步。制度是组织运行方式的原则性规定。制度创新通常表现为产权制度、经营制度和管理制度的调整和优化。

一般来说，一定的产权制度决定了相应的经营制度。在产权制度不变的情况下，企业具体的经营方式可以不断进行调整。同样，在经营制度不变的情况下，具体的管理制度也可以不断改进。但是，当管理制度改进到一定程度时，经营制度就必须进行相应的调整，而经营制度的不断调整也必然会引起产权制度的变革。

（四）职能创新

职能创新是指在计划、组织、控制、协调等管理职能方面采用更有效的新方法和新手段。其常见形式如下：

（1）计划形式的创新。例如，某企业在购电、电网运行和用电方面创造性地采用了目标规划方案，结果每年节约电费 2 000 万元以上。

（2）控制方式的创新。例如，某汽车公司首创准时生产制，生产成本显著降低。

（3）用人方面的创新。例如，使用测评法选拔和考核干部，采用拓展训练法改善员工培训效果，等等。

（4）激励方式的创新。例如，某企业实行"自助餐式"奖励制度，即员工可以从企业提供的列有多种福利项目的"菜单"中选择自己所需要的福利，这种创新型激励方式使企业在付出同等成本的情况下获得了更好的激励效果。

（5）协调方式的创新。例如，某市政府试行科技特派员制度，即市政府工作人员先通过调查了解村镇农业大户所需要的技术支持，同时将全市 3 500 名农业科学技术人员按专长分类并公布，然后将两者对接起来，让双方进行双向选择。经过这种协调方式的创新，农户和农业科学技术人员的收入都得到了大幅提升。

（五）结构创新

结构创新是指设计和应用更有效率的新组织结构的一种创新。按影响范围的不同，结构创新可分为技术结构的创新和经济与社会结构的创新。

（1）技术结构的创新。例如，某汽车公司在 20 世纪 20 年代首创了流水线生产方式，让工人分工完成流水线上的简单工序，大大提高了生产率，从而开创了大规模生产标准产品的工业经济时代。

（2）经济与社会结构的创新，即通过调整人们的责、权、利关系来提高组织效能。例如，通用汽车公司在 20 世纪 20 年代通过采用事业部制，化解了统一领导与分散经营之间的矛盾，使规模经营与市场适应得到了很好的统一，从而极大地增强了公司的市场竞争力。

三、我国实施创新驱动发展战略的重要意义

党的十九大报告提出要"建设科技强国",并强调"创新是引领发展的第一动力",要"坚定实施创新驱动发展战略"。党的二十大报告进一步提出:"必须坚持科技是第一生产力、人才是第一资源、创新是第一动力,深入实施科教兴国战略、人才强国战略、创新驱动发展战略,开辟发展新领域新赛道,不断塑造发展新动能新优势。"在我国,实施创新驱动发展战略具有特别重要的意义:

(1)实施创新驱动发展战略,对我国形成国际竞争新优势、增强发展的长期动力具有战略意义。改革开放以来,我国经济的快速发展主要源于发挥了劳动力和资源环境的低成本优势。进入发展新阶段,我国在国际上的低成本优势逐渐消失。与低成本优势相比,技术创新具有不易模仿、附加值高等突出特点,由此建立的创新优势持续时间长、竞争力强。加快实现由低成本优势向创新优势的转换,可以为我国持续发展提供强大动力。

(2)实施创新驱动发展战略,对我国提高经济增长的质量和效益、加快转变经济发展方式具有现实意义。科技创新具有乘数效应,不仅可以直接转化为现实生产力,而且可以通过科技的渗透作用放大各生产要素的生产力,提高社会整体生产力水平,有力推动经济发展方式的转变。

(3)实施创新驱动发展战略,对降低资源能源消耗、改善生态环境、建设美丽中国具有长远意义。实施创新驱动发展战略,加快产业技术创新,用高新技术和先进适用技术改造和提升传统产业,既可以降低消耗、减少污染,改变过度消耗资源、污染环境的发展模式,又可以提升产业竞争力。

党的十八大以来,党中央深入推进实施创新驱动发展战略,我国创新发展取得了突破性成就,科技发展格局出现重大变化,创新对促进经济稳中向好、加快新旧动能转换、扩大就业等发挥了关键作用。蛟龙潜海、墨子升空、北斗导航、大桥飞架、5G引领、高铁纵横……一系列重大创新成果竞相涌现,让国人自豪,令世界赞叹。

📖 案例阅读

港珠澳大桥——超级工程的超级创新

港珠澳大桥(见图 1-3)位于珠江口伶仃洋水域,其主体工程集桥、岛、隧于一体,项目涉及水文泥沙、地形地质、白海豚保护、防洪、防台和满足通航、海事、航空限高等复杂建设难题,是中国交通行业建设项目管理的全新挑战。

图 1-3　港珠澳大桥

港珠澳大桥的沉管隧道是目前世界上规模最大的公路沉管隧道和世界上唯一的深埋沉管隧道。建设这条海底沉管隧道,不仅需要在松软地基上建成当今世界上长度最长、埋深最大的海

底沉管隧道，还要在水深 10 余米且软土层厚达几十米的深海中建造两个人工岛，以实现海中桥隧转换衔接。如果按传统方法建设这两个 10 万平方米的人工岛，不仅工期长，而且安全风险极高，还会对白海豚的生存环境造成一定的污染。

通过技术交流，施工团队最终采用了大直径钢圆筒围成人工岛的创意。简单来说，就是以大的钢圆筒止水围岛，岛内填入砂料并加固地基，圆筒外再用混凝土块体等加固防护。两个人工岛建设需要用 120 个直径 22.5 米、高 40.5～50.5 米、重 500 吨的钢圆筒，以及 242 个副格，最大入土深度可达 29 米，每个钢圆筒都相当于一栋高层住宅楼。

"工欲善其事，必先利其器"，要想把巨大的钢圆筒深插入海底，必须要有配套的振沉设备——岛隧工程采用 8 台 APE600 液压振动锤联动振沉系统，这又是世界首创。通过这些创新技术，两个 10 万平方米的人工岛在 215 天内即可完成，比传统抛石围堰工法施工效率提高近 5 倍，且最大限度地减小了对海洋环境的污染。

资料来源：https://m.gmw.cn/2018-10/24/content_31815504.htm?s=gmwreco&p=2，有改动

中国高铁——从"中国制造"到"中国智造"

高铁技术发端于西方，始于日本，兴于欧洲，盛于中国。中国高铁一路从"跟跑""并跑"到"领跑"，既跑到了西方高铁先行者的前面，也成为我国科学技术自主创新的一面旗帜。"和谐号""复兴号"成为越来越多百姓出行的首选，中国高铁成为我国"走出去"的一张靓丽名片。目前，中国已经成为世界上少数几个能够提供包括基础设施、移动装备、运营管理等高速铁路成套技术的国家之一。

2008 年，我国高铁的发展进入了自主创新阶段，科技部和原铁道部（现中国铁路总公司）联合发起实施了《中国高速列车自主创新联合行动计划》，该计划诞生了被欧洲人称为"中国高铁革命"的"和谐号 CRH380 系列"高速列车。自联合行动计划以后，中国高铁驶入自主创新快速通道。我国高速动车组技术经历了引进、消化、吸收、再创新的过程后，在核心技术方面取得了重大突破，进入了全新的创新阶段。

2017 年，我国新一代标准动车组"复兴号"投入使用，持续运行时速达到 350 千米，并具备时速 400 千米以上的运行速度储备，成为全球运行速度最快且更安全、更可靠的动车组列车。"复兴号"动车组列车实现了多个方面的创新：

第一，"复兴号"动车组列车搭载了多种先进技术，如制动、转向、网络等，都是世界领先的自主创新技术，已经超过了许多发达国家。目前，在全球的高铁制造标准中，更是有高达 84% 的标准是按照中国标准所设立的。所以说，"复兴号"的诞生是中国高铁历史上的里程碑。

第二，"复兴号"动车组列车的使用寿命相比以往大大增长，最长可以运行 60 万公里，按照日常的运行频率来计算，可以安全运行 30 年。

第三，"复兴号"动车组列车的整车高度得到了提升。一般而言，列车的高速运行需要扁平式的车体设计，但这样会降低旅客乘坐的舒适度。"复兴号"动车组列车通过复杂的工艺兼顾了两者，不仅提高了车顶高度，同时还提升了速度。

第四，"复兴号"动车组列车采用了全新的安全系统，全车有多达 2 500 个安全监测点，如此密集的监测可以确保列车的运行安全。安全系统还可以在险情发生时及时发送安全预警，相关人员可据此尽快处理险情，以避免安全事故的发生。

第五，"复兴号"动车组列车全车座椅下都配有充电插座，车内有稳定的 Wi-Fi 信号。众所

周知，在列车高速运行时，是很难确保信号畅通的，而在"复兴号"列车上，旅客则可以顺畅地通话、上网。

资料来源：http://www.peoplerail.com/rail/show-1810-393959-1.html，有改动

任务训练

小组讨论

请结合下面的案例，与小组成员讨论创新、成功和财富三者之间的关系。

与众不同的赚钱方式

有个年轻人想凭自己的聪明才智赚钱，就跟别人一起来到山上，开山卖石头。

当别人把石块砸成石子，运到路边，卖给附近建筑房屋的人时，这个年轻人却把石头运到码头，卖给了花鸟商人。因为他觉得这儿的石头奇形怪状，卖重量不如卖造型。就这样，这个年轻人很快就富起来了。三年后，卖怪石的他成为村子里第一座漂亮瓦房的主人。

后来，村里不许开山，只许种树，于是村里有了好多果园。

当地的鸭梨汁浓肉脆，香甜无比。每到秋天，漫山遍野的鸭梨引来四面八方的商客。村民们把堆积如山的鸭梨一车一车地运往外地，甚至还发往国外。

鸭梨带来了小康生活，村民们欢呼雀跃。这时，这个年轻人却卖掉果树，开始种柳树。因为他发现，来这儿的商客不愁挑不到好梨，只愁买不到盛梨的筐。

五年后，这个年轻人成为村子里第一个在城里买房的人。

再后来，一条铁路经村子贯穿南北，小小的山村更加热闹。村民们由单一的种梨、卖梨起步，开始发展果品加工等一系列深加工产业。

就在村民们开始集资办厂时，这个年轻人却在他的地头砌了一道 3 米高、100 米长的墙。这道墙面朝铁路，背依翠柳，两旁是一望无际的梨园。坐火车经过这里的人在欣赏盛开的梨花的同时，还能看到四个醒目的大字——可口可乐。据说，这是几百里山川中唯一的一个广告，这个年轻人仅凭这道墙，一年又有了 4 万元的额外收入。

资料来源：https://www.sohu.com/a/272037260_514944，有改动

任务二 认知创业

名人语录

一个人再有本事，也得通过所在社会的主流价值认同才有机会。

——任正非

> 回头看我的创业历程，是不断寻找、不断纠正的过程。
>
> ——吴锡桑

？ 问题导入

一个创新想法或创新产品，只有经过一套切实可行的方案层层推进，才能为个人或企业带来利益，即形成商业模式。也就是说，创新仅仅是创业的一个起点。在进行下面的学习之前，请同学们思考以下问题。

（1）什么是创业？

（2）创业成功的关键要素有哪些？

（3）创业者需要具备哪些能力？

（4）创业过程包括哪些环节？

🔗 知识链接

一、创业的概念

"创业"一词，在《新华词典》中的解释为"开创事业"；在《现代汉语词典》中的解释为"创办事业"，而"事业"是指人所从事的，具有一定目标、规模和系统而对社会发展有影响的经常活动；在《辞海》中的解释为"创立基业"，而"基业"是指事业的基础。通过以上解释可以看出，创业的实质是创办事业。这是从广义上理解的创业。

狭义的创业通常是指创业者通过寻找和把握创业机会，投入已有的知识和技能，配置相关资源，创建新企业，从而为消费者提供产品和服务，为个人和社会创造价值与财富的过程。本书所讲的创业是指狭义的创业。

创业包含以下几层含义：

（1）创业是一个创造的过程。

（2）创业的本质在于发掘与利用机会的商业价值，即要创造或认识事物的商业用途。

（3）创业的潜在价值需要通过市场来体现，即市场是实现创业价值的渠道。

（4）创业以追求回报为目的，包括个人价值的实现、知识与财富的积累等。

二、创业的要素

（一）创业的关键要素

创业的关键要素包括创业机会、创业团队和创业资源。

创业机会是指创业者可以利用的商业机会。从创业过程的角度来说，创

创业的三大核心要素

业机会是创业的起点，创业过程就是围绕着创业机会进行识别、开发和利用的过程。

创业团队是指在创业初期（包括企业成立前和成立早期），由一群才能互补、责任共担、愿为共同的创业目标奋斗的人所组成的特殊群体。

创业资源是指企业在创造价值的过程中需要的特定资产，包括有形资产和无形资产。它是企业创立和运营的必要条件，主要包括创业人才、创业资金、创业技术等。

（二）创业各要素之间的关系

我们可以从以下几个方面来认识创业各要素之间的相互关系：

第一，创业机会是创业过程的重要驱动力，创业团队是创业过程的主导者，创业资源是创业成功的必要保证。创业过程始于创业机会，而不是创业团队或创业资源。开始创业时，创业机会比强大的团队和合适的资源更重要。在创业过程中，创业机会与创业资源经历着一个"适应—差距—适应"的动态过程。

第二，创业过程是创业机会、创业团队与创业资源三个要素匹配和平衡的结果。创业团队要善于配置和平衡，包括对创业机会的理性分析和把握，对创业资源的合理配置和利用，对工作团队适应性的正确认识和分析等，以不断推进创业过程。

第三，创业是一个连续不断地寻求平衡的行为组合。三个要素的绝对平衡是不存在的，但创业过程要保持发展，必须追求一个动态的平衡。在这期间，创业团队必须思考以下几个问题：目前的团队能否带领企业发展？企业面临怎样的资源状况？下一阶段的运作面临哪些困难与陷阱？这些问题在企业发展的不同阶段会以不同的形式出现，并会严重影响企业的可持续发展。

三、创业的能力

在现代社会，竞争日趋激烈，创业者能否在竞争中占据优势、成功创业，主要取决于他所拥有的或能够运用的各种能力。一般来说，创业者应具备以下几种能力。

（一）创新能力

创新是知识经济时代的主旋律。在竞争激烈的市场中，缺乏创新的企业很难站稳脚跟。创业是一项充满创新的事业，创业者必须具备创新能力，能够根据客观情况的变化，及时提出新目标、新方案，不断开拓新局面。

（二）学习能力

面对日益复杂的市场竞争与合作关系、日新月异的科学技术手段、不断更新的管理理念及各种管理手段，创业者只有不断学习才能应对时代潮流的冲击与要求。学习能力主要包括制订学习目标和计划的能力、阅读能力、分析和归纳的能力、信息检索能力等。创业者要培养良好的学习能力，应做到以下几点：

一是心态归零，吐故纳新。创业者不应囿于已取得的成绩和能力，而应不断从零开始，时刻保持对环境变化的敏感度，不断学习新知识。

二是精益求精，学有所长。对于创业者而言，学到的知识越多，能力就越强。但是人的精力是有限的，"门门精通"往往会变成"门门不通"。创业者应该学会选择，在某些领域要精益求精，具备一技之长；在某些领域则可涉猎或粗通。

二是开阔视野，终身学习。学习能力的表现之一就是善于发现学习的榜样，学其长处，补己短板。如果仅仅局限在一个小的范围内，就会变成"井底之蛙"，丧失学习的动力和能力。只有走出去，不断地接触新事物和新观点，才能不断开阔视野，增长见识。此外，创业者必须树立终身学习的理念，通过不断学习，提高自身能力。

> **砥节砺行**
>
> 学习是进步的阶梯。在知识更新日趋加速的今天，要想跟上时代发展的步伐，就必须不断学习。青年人正处于学习的黄金时期，应该把学习作为首要任务，作为一种责任、一种精神追求、一种生活方式，树立梦想从学习开始、事业靠本领成就的观念，让勤奋学习成为青春远航的动力，让增长本领成为青春搏击的能量。

（三）合作能力

创业者之所以需要与他人合作，首先是因为个人的能力有限，其次是因为个人能力与他人能力具有互补性。创业者要想与他人合作并有所作为，首先要做到知己，即要清楚自己的性格特点、能力专长等，选定一个适合自己的创业目标；其次要注意分析他人的特点，发掘他人所具备的与自身形成互补的能力。只有这样，创业者才能真正找到合作伙伴，并与其一道为共同的创业理想携手共进。

合作能力反案例

创业者在与他人合作时要注意以下两个方面：一是平等合作，即合作伙伴在人格上是完全平等的，是为了一个共同的目标走到一起的；二是互利合作，即合作者之间的互惠互助是合作者为了某些共同目标和利益追求，在一定基础上进行的物质和精神的相互配合协作。

（四）管理能力

管理能力是指对人员、资金进行管理的能力，包括人员的选择、使用、组合和优化，以及资金的聚集、核算、分配和使用。管理能力在较高层次上决定了创业实践活动的效率和成败。

创业者要想在激烈的市场竞争中取得优势，必须要对企业、员工和消费者负责，并保持高度的社会责任感；必须学会用人，善于吸纳德才兼备、志同道合者；必须学会制订合理的计划，并督促自己和员工严格落实；必须学会权衡主次轻重，合理整合资源。

（五）决策能力

决策能力是指创业者根据主客观条件，正确确定创业的发展方向、目标、战略，以及选择具体实施方案的能力。决策能力包括分析能力和判断能力。

在创业的过程中，创业者要能从错综复杂的现象中发现事物的本质，找出存在的真正问题，并正确处理问题，就必须具备良好的分析能力。而所谓判断能力，是指能从客观事物的发展变化中找出因果关系，并善于从中把握事物的发展方向的能力。由此可见，分析是判断的前提，判断是分析的目的，良好的决策能力是良好的分析能力加精准的判断能力。

（六）社交能力

社交能力是指创业者善于与他人沟通思想、联络感情、建立友谊，从而建立广泛的社会联系的一种能力。创业者在从事创业活动的过程中，免不了有各种社会交往，良好的社交能力对做好生产与经营工作、加强与各方面的沟通联系、扩大影响、减少负面效应、提高经济效益都有着不可估量的作用。创业者要提高自己的社交能力，可以从以下几个方面做起：

（1）学会聆听。创业者要想提高社交能力，首先必须学会聆听，通过聆听领会他人话里的深层含义，获得自己所需的信息。例如，通过聆听客户的反馈，可以了解客户的真实体验，了解产品或服务存在的不足；通过聆听合作伙伴的意见，可以了解公司目前存在的问题。

（2）主动交往。创业者要提高自己的自信心，勇敢地与别人交流，遇到比自己能力强的人，不应自卑，而应通过交往，学习他人的优点。

（3）掌握社交技巧。创业者可以多读一些待人接物方面的书籍，学习社交技巧。

四、创业的过程

创业的过程包括从产生创业想法到创建新企业并获取回报的整个过程，通常包括以下六个主要环节。

（一）产生创业动机

创业动机是创业者创业的原动力，它能够推动创业者去发现和识别市场机会。创业活动的主体是创业者，创业活动的开展首先取决于一个人希望成为创业者。同时，创业动机不仅是创业者打算创业的一种念头，更是其对创业目标与预期收益的深思熟虑。

（二）识别创业机会

识别创业机会是指创业者对可能成为创业机会的诸多事件的分析和对创业预期结果的判断。国家产业政策的调整、新技术的出现、人口和家庭结构的变化、人们物质需求和精神需求的变化、流行时尚的变化等都可能带来创业机会。创业者应具有敏锐的观察力，能够及时、准确地识别创业机会，并对创业机会进行评估和筛选。

📖 案例阅读

大学生团队破圈创业，给电动自行车配备"充电宝"

华东理工大学艺术设计与传媒学院的楼振罡是一名在校生，也是一名创业者。他带领团队历经 3 年多的探索和实践，通过"30 秒站点换电"替代"8 小时直充系统"的思路，解决了电动自行车的充电痛点，用"飞喵换电"项目重新定义电动自行车出行。

我国电动自行车的社会保有量接近 3 亿辆，其虽堪称"国民级出行工具"，却也面临着一个巨大的难题——充电。"充电桩着实难找！""放在楼道充电太危险了！"据应急管理部消防救援局统计，全国每年平均发生电动自行车火灾约 2 000 起。

"安全意识不能总是靠一次次火灾和悲剧来唤醒，创新才是最有效的'灭火器'。"楼振罡说。之后，他和他的团队成员利用课余时间走访了上海、浙江两地的 20 余所高校，拍摄、收集了大量真实场景，并着手分类研究一线、二线和三线城市的电动自行车用户需求。

经过近一年的深入调研，他们发现，电动自行车的充电难题主要表现为充电时间长、充电空间拥挤、"拉飞线"存在安全隐患等，归根结底是充电桩不足，以及充电效率过低的问题。

经过分析，楼振罡团队的初步构想是，能不能像加油站一样，设立站点，提供秒换电池服务，提高出行效率？有了初步构想，该团队进行了明确规划，从人工换电小规模试点开始，到自动换电系统研发，再到扩大市场路径的落地节奏。

首先，他们与厂商合作，进行了小成本的人工换电试验——开设实体店，售卖具有换电功能的电动自行车（即飞喵换电车），通过人工手动进行换电。这次试点，既验证了用户的需求及接受度，也发现了亟需降低人工运营成本的问题。

下一步，楼振罡团队开始尝试"自助换电柜"。三个月后，热插拔万能接口、换电柜、换电车和"寻站"小程序等成果出炉。作为核心技术，热插拔万用接口打通了铅酸和锂电池的接口，仅需两分钟，就能够将传统电动自行车改成"飞喵换电车"。用这种技术，可改装市面上 80% 的铅酸电池电动自行车。

仅仅两个月的时间，楼振罡团队就布置了线下四个站点，日均换电近百次。用户无需购买电池，按次付费，更省钱；30 秒换电，里程翻倍，更便捷；充电智能监控，更安全。

之后，他们开始着手扩大市场。经过与多方的多轮沟通谈判，"飞喵换电"与社区充电龙头企业、园区、外卖、物流等多方顺利达成合作，现已在华东地区落地换电站点 10 个、拥有用户 1 300 余名、保障 11 万次换电零安全事故、节省 88 万小时充电时长、助力 1 000 余组铅酸电池规范回收。

资料来源：http://jx.people.com.cn/n2/2021/0727/c355213-34839024.html，有改动

（三）整合有效资源

资源是创业的基础条件，整合资源是创业者开发机会的重要手段。之所以强调资源整合，是因为创业者可以直接控制的可用资源往往很少，许多创业者都需要白手起家。创业者需要整合的资源包括基本信息（如市场环境等）、人力资源（如合作者、雇员等）、资金资源等。

（四）创建新企业

创建新企业需要进行大量的准备工作。其中，创业计划、创业融资和注册登记尤为关键。创业想法能否变成现实，关键看创业者能否制订一个周密的创业计划。资金短缺往往是制约企业发展的"瓶颈"，因此创业融资在企业的创建过程中起着至关重要的作用。创业者完成创业计划并获得企业融资之后，就可以按照法定程序进行注册登记，包括确定企业的组织形式、设计企业标志、向市场监督管理机关提出企业登记注册申请、领取营业执照等。

（五）实现机会价值

创业者整合资源、创建新企业的目的是实现机会价值。实现机会价值是创业过程中的重要环节。

在创业过程中，确保新创建的企业得以生存是创业者必须面对的挑战。同时，创业者更应认识到，企业若不成长，就无法生存得更好的现实，在激烈的竞争环境中更是如此。因此，创业者必须了解企业成长的一般规律，预见企业在不同成长阶段可能面临的问题，以便采取有效措施予以防范和解决，使机会价值得到充分实现，同时还应不断地开发新的机会，把企业做活、做大、做强。

（六）收获创业回报

追求创业回报是创业者开展创业活动的目的。创业回报可以是多种多样的，创业者对创业回报的满意度在很大程度上取决于其创业动机。有调查显示，部分创业者的创业动机首先是自己当老板，然后才是追求财富。对于这些人来说，当老板的感受就是一种创业回报。

任务训练

一、创业访谈

创业人物生涯访谈

活动目的：

通过访谈活动，使学生了解不同创业人物的创业动机，感受创业动机在创业过程中的重要作用。

活动内容：

以小组为单位开展访谈活动。具体活动流程如下：

（1）3～5 人为一组，每组选出一个负责人。

（2）各组自行确定 2～3 个访谈对象。

（3）各组拟定访谈提纲，内容可包括创业者的教育背景、成长环境、创业动机、创业历程、创业心得等。

（4）访谈结束后，每组撰写一份访谈报告，分析访谈对象的创业动机及其创业成功的原因。

（5）将报告内容制作成 PPT，在课堂上以小组为单位进行交流汇报。

活动检测：

活动结束后，教师可根据表 1-1 进行评分。

表 1-1　活动评价表

评分标准	满分	实际得分	备注
积极参与访谈活动	20		
能够按照要求实施访谈	20		
访谈报告内容详尽，分析正确	20		
PPT 制作精美	20		
其他	20		
总　分	100		

二、创业能力测评

测评说明：

（1）无论是刚从学校毕业进入就业市场的年轻人，还是在社会上打拼了多年的上班族，许多人都希望拥有一份属于自己的事业。然而，并非每个人都具有创业潜力，下面的测试可帮助你了解自己是否适合创业（测试结果仅供参考）。

（2）请根据实际情况回答"是"或"否"。在回答问题时，一定要根据第一反应回答，不要进行过多的思考。

测评题：

（1）你是否曾经为了某个理想而制订了两年以上的长期计划，并且按计划执行，直到完成？

（2）在学校和家庭生活中，你是否能够脱离老师和父母的督促，自觉地完成学习任务或老师和家长分派的其他任务？

（3）你是否喜欢独自完成工作，并且做得很好？

（4）当你与朋友在一起时，你的朋友是否经常向你寻求指导和建议？

（5）求学时期，你有没有赚钱的经验？

（6）你是否能够专注地投入个人兴趣连续 10 个小时以上？

（7）你是否有保存重要资料的习惯，并且能井井有条地对其进行整理，以便需要时可以随时提取和查阅？

（8）在日常生活中，你是否热衷于社会服务工作？

（9）你是否喜欢音乐、美术、体育等课程？

（10）在上学期间，你是否曾经带动同学完成过由你组织的大型活动，如元旦晚会、歌唱比赛等？

（11）你喜欢在竞争中生存吗？

（12）当你为别人工作时，若发现其管理方式不当，你是否会主动思考适当的管理方式并向其提议？

（13）当需要别人帮助时，你是否能充满自信地寻求并说服别人来帮助你？

（14）在募捐或义卖时，你是否充满自信？

（15）当要完成一项重要工作时，你是否总能留出足够的时间认真完成，而绝不会让时间虚度，在匆忙中草率完成？

（16）参加重要聚会时，你是否会准时赴约？

（17）你是否能安排一个合适的环境，以使自己在工作时能不受干扰而专心工作？

（18）你交往的朋友中，是否有许多有成就、有智慧、有眼光、有远见且老成稳重的人？

（19）在工作或学习团体中，你被认为是一个受欢迎的人吗？

（20）你是一个理财高手吗？

（21）你是否可以为了赚钱而牺牲个人娱乐？

（22）在工作中，你是否总是独自承担责任？

（23）在工作时，你是否有足够的耐心与耐力？

（24）你是否能在很短的时间内结交许多新朋友？

测评标准：

（1）回答"是"得1分，回答"否"得0分。

（2）请参照以下评分标准，确定自己的创业能力。

0～5分：目前不适合自己创业，应在为别人打工的过程中努力学习专业技术和专业知识。

6～10分：需要在旁人指导下创业，才有创业成功的可能。

11～15分：非常适合自己创业，但对于那些回答"否"的问题，还应总结出自己的缺陷并加以改善。

16～20分：自身的性格特质足以使你从小事业慢慢开始，在创业的过程中逐步获得经验，从而成为优秀的创业者。

21～24分：你有很大的创业潜能，只要懂得掌握时机和运气，很可能成为一名优秀的创业者。

任务三　了解大学生创新创业政策

名人语录

创新的目标是创造有价值的订单；创新的本质是创造性的破坏，破坏所有阻碍创造有价值订单的枷锁；创新的途径是创造性的模仿和借鉴，即借力。

——张瑞敏

问题导入

随着我国"大众创业、万众创新"热潮的蓬勃兴起，为了鼓励和支持大学生创新创业，国务院和地方各级政府、高校先后出台了许多支持和优惠政策，精简了若干事项的申请、办理程序，涉及金融贷款、场地、培训、指导、税收、学籍管理等方方面面。同时，党的二十大报告强调要"加快实施创新驱动发展战略"。了解这些政策和党的二十大报告精神，对于青年大学生投身创新创业实践，走好创业第一步，既重要，也非常必要。在进行下面的学习之前，请同学们思考以下问题。

（1）为推进"大众创业、万众创新"，国家出台了哪些扶持政策？

（2）大学生进行自主创业可享受哪些优惠政策？

（3）党的二十大报告中有哪些关于创新创业的内容？

◀◆ 一、"大众创业、万众创新"政策

推进"大众创业、万众创新",是发展的动力之源,也是富民之道、公平之计、强国之策,对于推动经济结构调整、打造发展新引擎、增强发展新动力、走创新驱动发展道路具有重要意义,是促进社会纵向流动、公平正义的重大举措。为大力推进"大众创业、万众创新",国家出台了一系列相关扶持政策。

例如,2015 年 3 月,国务院办公厅印发了《关于发展众创空间推进大众创新创业的指导意见》(以下简称《意见》),部署推进大众创业、万众创新工作。《意见》明确,推进大众创新创业要坚持市场导向、加强政策集成、强化开放共享、创新服务模式,重点任务是构建一批众创空间、降低创新创业门槛、鼓励科技人员和大学生创业、支持创新创业公共服务、加强财政资金引导、完善创业投融资机制、丰富创新创业活动、营造创新创业文化氛围。

2015 年 6 月,国务院印发了《关于大力推进大众创业万众创新若干政策措施的意见》,为改革完善相关体制机制,构建普惠性政策扶持体系,推动资金链引导创业创新链、创业创新链支持产业链、产业链带动就业链,提出具体措施:创新体制机制,实现创业便利化;优化财税政策,强化创业扶持;搞活金融市场,实现便捷融资;扩大创业投资,支持创业起步成长;发展创业服务,构建创业生态;建设创业创新平台,增强支撑作用;激发创造活力,发展创新型创业;拓展城乡创业渠道,实现创业带动就业;加强统筹协调,完善协同机制。

2015 年 7 月,国务院印发了《关于积极推进"互联网+"行动的指导意见》(以下简称《指导意见》)。《指导意见》提出,要坚持开放共享、融合创新、变革转型、引领跨越、安全有序的基本原则,顺应世界"互联网+"发展趋势,充分发挥我国互联网的规模优势和应用优势,推动互联网由消费领域向生产领域拓展,加速提升产业发展水平,增强各行业创新能力,构筑经济社会发展新优势和新动能。坚持改革创新和市场需求导向,突出企业的主体作用,大力拓展互联网与经济社会各领域融合的广度和深度。

2016 年 5 月,国务院办公厅印发了《关于建设大众创业万众创新示范基地的实施意见》,指出为在更大范围、更高层次、更深程度上推进大众创业、万众创新,加快发展新经济、培育发展新动能、打造发展新引擎,按照政府引导、市场主导、问题导向、创新模式的原则,加快建设一批高水平的双创示范基地,扶持一批双创支撑平台,突破一批阻碍双创发展的政策障碍,形成一批可复制可推广的双创模式和典型经验。

2017 年 7 月,国务院印发了《关于强化实施创新驱动发展战略进一步推进大众创业万众创新深入发展的意见》,进一步系统性优化创新创业生态环境,强化政策供给,突破发展瓶颈,充分释放全社会创新创业潜能,在更大范围、更高层次、更深程度上推进大众创业、万众创新。

2018 年 9 月,国务院印发了《关于推动创新创业高质量发展打造"双创"升级版的意见》,要求深入实施创新驱动发展战略,通过打造"双创"升级版,进一步优化创新创业环境,大幅降低创新创业成本,提升创业带动就业能力,增强科技创新引领作用,提升支撑平台服务能力,推动形成线上线下结合、产学研用协同、大中小企业融合的创新创业格局,为加快培育发展新动能、实现更

充分就业和经济高质量发展提供坚实保障。

2020 年 7 月，国务院办公厅印发了《关于提升大众创业万众创新示范基地带动作用 进一步促改革稳就业强动能的实施意见》，指出要以习近平新时代中国特色社会主义思想为指导，全面贯彻党的十九大和十九届二中、三中、四中全会精神，深入实施创新驱动发展战略，聚焦系统集成协同高效的改革创新，聚焦更充分更高质量就业，聚焦持续增强经济发展新动能，强化政策协同，增强发展后劲，努力把双创示范基地打造成为创业就业的重要载体、融通创新的引领标杆、精益创业的集聚平台、全球化创业的重要节点、全面创新改革的示范样本，推动我国创新创业高质量发展。

2021 年 10 月，国务院办公厅印发了《关于进一步支持大学生创新创业的指导意见》，指出要以习近平新时代中国特色社会主义思想为指导，深入贯彻落实党的十九大和十九届二中、三中、四中、五中全会精神，全面贯彻党的教育方针，落实立德树人根本任务，立足新发展阶段、贯彻新发展理念、构建新发展格局，坚持创新引领创业、创业带动就业，支持在校大学生提升创新创业能力，支持高校毕业生创业就业，提升人力资源素质，促进大学生全面发展，实现大学生更加充分更高质量就业。

二、大学生自主创业优惠政策

（一）税收优惠

毕业生自主创业政策

根据《关于进一步支持和促进重点群体创业就业有关税收政策的通知》的规定，建档立卡贫困人口、持《就业创业证》（注明"自主创业税收政策"或"毕业年度内自主创业税收政策"）或《就业失业登记证》（注明"自主创业税收政策"）的人员，从事个体经营的，自办理个体工商户登记当月起，在 3 年（36 个月）内按每户每年 12 000 元为限额依次扣减其当年实际应缴纳的增值税、城市维护建设税、教育费附加、地方教育附加和个人所得税。限额标准最高可上浮 20%，各省、自治区、直辖市人民政府可根据本地区实际情况在此幅度内确定具体限额标准。

（二）创业担保贷款和贴息

对符合条件的自主创业的大学生，可在创业地按规定申请创业担保贷款，贷款额度为 10 万元。鼓励金融机构参照贷款基础利率，结合风险分担情况，合理确定贷款利率水平，对个人发放的创业担保贷款，在贷款基础利率基础上上浮 3 个百分点以内的，由财政给予贴息。

📖 案例阅读

农民大学生张亮和他的"鸡别墅"

1 栋"鸡别墅"，300 天饲养周期，喂养 50 只鸡，能增收 5 000 元。取得这项成果的，不是科研人员，而是湖北省咸宁市嘉鱼县高铁镇一群 80 后农民大学生，他们的带头人就是张亮。

张亮黝黑的皮肤，是长期在户外劳作才留有的特殊"印记"，衣着谈吐间，还透着一股子书生气。谈到养鸡，张亮滔滔不绝："你们看，这就是我们的'鸡别墅'，有了它，农民钱包鼓了，居住环境好了。"顺着张亮指的方向看去，草地间散落着几栋天蓝色的小铁皮屋，几只鸡在屋子间穿梭。

"养鸡能掉的坑，我全掉进去了"

张亮本不是养殖户。2007年，他从广州南洋理工大学毕业，在中山从事服装设计工作，经过几年打拼，月收入近万元。

2014年，张亮发现政府鼓励大学生回乡创业，有好的政策扶持，不少早回乡的伙伴日子越过越好。"爷爷、奶奶摔断了腿，家人大多在外打工，照顾老人成了难题。"张亮下定决心回乡。回乡后干什么？张亮开始琢磨这个问题。

嘉鱼县高铁镇杨山村，地处山区，土地不连片，荒芜地块多，但是空气新鲜，拥有丰富的生态资源。"其他村有养鸡致富的，我们村的环境也适合养鸡。"万事开头难。"养鸡能掉的坑，我全掉进去了。"买鸡苗被骗，想养"土鸡"苗买成"洋鸡"苗；鸡生病后胡乱医治，病死不少；冬天，鸡挤在一起取暖，导致窒息死亡……第一年，张亮赔了不少。

2015年，当地政府为返乡创业农民提供贴息贷款，张亮靠这笔贷款"东山再起"。随后，他一边参加村里组织的"新型农业职业培训"，学习养鸡技术；一边琢磨电商，拓宽销售渠道。

"这种养鸡方式，大家稳赚不赔"

张亮通过与养殖户沟通发现，村里养鸡普遍存在饲料营养不均衡、饲养密度大、鸡粪堆积等问题，导致环境污染严重，鸡的产蛋率低且鸡蛋品质不佳。

通过改变养鸡环境能否改变鸡蛋质量？

经过几番设计改造，张亮设计出的鸡舍，被村民称为"鸡别墅"。"鸡别墅"是一个钢结构的活动板房，长宽高分别是1.8米、1.8米、2米。下层悬空，用于隔离鸡和粪便。上层安装了木质阶梯，满足鸡的攀高习性。这种"鸡别墅"最大的优点是方便搬移。

随后，经过严格的养殖实验，张亮和他的团队2016年成立了嘉鱼县林下生态养殖专业合作社，专注于林下生态养殖，并总结出"135林下生态养殖模式"：即1亩林草地、1个"鸡别墅"、养殖300天、喂养50只、增收5 000元。

"135林下生态养殖模式"风险低、门槛低、好推广，比较适合贫困户。2018年，咸宁市扶贫办注意到这个模式，安排专项资金400万元用于推广，1个"鸡别墅"贫困户仅自付200元，鸡苗贫困户自付100元，由张亮的合作社统一供应鸡苗，做好免疫，进行免费技术培训，统一签订保底价回收合同，鸡苗由政府统一购买保险，确保养殖户无任何风险。"这种养鸡方式，大家稳赚不赔。"张亮说道。

高铁岭镇九龙村三组65岁的老汉李茂鉴就是其中一个受益者。九龙村是嘉鱼县唯一的深度贫困村，李茂鉴又是村中特别困难户。其独生子身患疾病，开刀后不能干重活。儿子儿媳离婚后，儿子又患上了精神病，一个孙女需要老两口照顾。年纪大，没法出去打工，李茂鉴家成了建档立卡的贫困户。

2017年，在嘉鱼县扶贫办的帮扶下，李茂鉴购回2个鸡笼，养了100只鸡。3个月后，就进入了收获期，每天可以收一簸箕的蛋，一颗可以卖到1.5元。听说这里有土鸡蛋，不少人专门上门求购。足不出户，鸡蛋就全部卖了出去。

第二年李茂鉴将养殖规模扩大到1 100只。一年下来，光鸡蛋就卖了六万多元，一只鸡还可以卖到60元。

"看到家里赚到钱，儿子的精神也好了很多，经常主动帮忙喂鸡。"李茂鉴高兴地说。"鸡别墅"给了他们全家带来了希望。

据不完全统计，近2年来，咸宁市共发展"鸡别墅"5 696个，共有3 292户贫困户参与养殖，户可均增收5 000元以上。

"你有多少，我就帮你销售多少"

面对2020年突如其来的新冠肺炎疫情，张亮在政府的帮助下过得有惊无险。

"乡镇、村里路全封了，过年用的饲料只够吃到2月上旬，那时有点着急，"张亮说，"政府在前期的排查中发现这一情况后，就帮忙指导养殖户开具通行证。"饲料只吃紧了半个月，张亮就通过当地农业局开具了通行证，鸡饲料的问题得到了顺利解决。

他的问题解决了，接下来他想着怎么帮养殖户解决问题。

听说养殖户的鸡蛋滞销时，张亮再次打下包票："你有多少，我就帮你销售多少！"微信接单、电话购物、社区拼团……能想到的方式，张亮都想试一试。通过积极开展线上营销、线下配送业务，土鸡、鸡蛋销路打开了，解了贫困户燃眉之急。

绿树村边合，青山郭外斜。小蓝屋顶的"鸡别墅"错落分布在树林间，分外美丽。谈及未来，张亮有点腼腆地笑了："我一直有一个梦想，就是希望能把养鸡合作社做成上市公司。作为一名新型职业农民，我相信自己能行！"

资料来源：http://ddkz.people.cn/n1/2020/0822/c433285-31832897.html，有改动

（三）免收有关行政事业性收费

毕业2年以内的普通高校毕业生从事个体经营（除国家限制的行业外）的，自其在工商部门（现为市场监督管理局）首次注册登记之日起3年内，免收管理类、登记类和证照类等有关行政事业性收费。

（四）享受培训补贴

对大学生创办的小微企业新招用毕业年度高校毕业生，签订1年以上劳动合同并交纳社会保险费的，给予1年社会保险补贴。对高校毕业生在毕业学年（即从毕业前一年7月1日起的12个月）内参加创业培训的，根据其获得创业培训合格证书或就业、创业情况，按规定给予培训补贴。

（五）免费创业服务

有创业意愿的大学生，可免费获得公共就业和人才服务机构提供的创业指导服务，包括政策咨询、信息服务、项目开发、风险评估、开业指导、融资服务、跟踪扶持等"一条龙"创业服务。

创业培训

（六）取消高校毕业生落户限制

高校毕业生可在创业地办理落户手续（直辖市按有关规定执行）。

（七）创新人才培养

创业大学生可享受各地各高校实施的系列"卓越计划"、科教结合协同育人行动计划等，同时享

受跨学科专业开设的交叉课程、创新创业教育实验班等，以及探索建立的跨院系、跨学科、跨专业交叉培养创新创业人才的新机制。

（八）开设创新创业教育课程

自主创业大学生可享受各高校挖掘和充实的各类专业课程和创新创业教育资源，以及面向全体学生开发开设的研究方法、学科前沿、创业基础、就业创业指导等方面的必修课和选修课；同时享受各地区、各高校推出的资源共享的慕课、视频公开课等在线开放课程，以及在线开放课程学习认证和学分认定制度。

（九）强化创新创业实践

自主创业大学生可共享学校面向全体学生开放的大学科技园、创业园、创业孵化基地、教育部工程研究中心、各类实验室、教学仪器设备等科技创新资源和实验教学平台，可参加全国大学生创新创业大赛、全国高职院校技能大赛，各类科技创新、创意设计、创业计划等专题竞赛，高校学生成立的创新创业协会、创业俱乐部等社团，提升创新创业实践能力。

（十）改革教学制度

自主创业大学生可享受各高校建立的自主创业大学生创新创业学分累计与转换制度；还可享受开展创新实验、发表论文、获得专利和自主创业等情况折算为学分，将学生参与课题研究、项目实验等活动认定为课堂学习的新探索；同时享受为有意愿有潜质的学生制订创新创业能力培养计划，以及创新创业档案和成绩单等系列客观记录，并量化评价学生开展创新创业活动情况的教学实践活动。此外，优先支持参与创业的学生转入相关专业学习。

（十一）完善学籍管理规定

有自主创业意愿的大学生，可享受高校实施的弹性学制，放宽学生修业年限，允许调整学业进程、保留学籍休学创新创业等管理规定。

（十二）大学生创业指导服务

自主创业大学生可享受各地各高校对自主创业学生实行的持续帮扶、全程指导、一站式服务；可享受地方、高校两级信息服务平台实时提供的国家政策、市场动向等信息；可享受创业项目对接、知识产权交易等服务；可享受各地在充分发挥各类创业孵化基地作用的基础上，因地制宜建设的大学生创业孵化基地，以及相关培训、指导服务等扶持政策。

📖 知识拓展

部分地区大学生创业优惠政策

黑龙江：毕业生创业最高可获 300 万元贴息贷款

黑龙江省将高校毕业生和在校大学生全部纳入创业担保贷款政策扶持范围，高校毕业生创办小微企业的，最高可申请 300 万元的创业担保贷款，财政部门按规定给予贴息。

同时，黑龙江省一方面强化创业融资支持，将个人创业担保贷款最高额度由 15 万元提高至

20万元；另一方面强化创业平台与补贴支持，在各级政府投资开发的孵化基地等创业载体中，安排一定比例的场地免费向高校毕业生提供。此外，高校毕业生自主创业并正常经营一年以上的，给予3 000元至1万元的一次性创业补贴。

山西：高校毕业生自主创业有"礼包"

在校大学生可参加高校组织的创业意识培训或创办企业培训，创业意识培训补贴标准每人150元，创办企业培训标准每人500元。毕业年度高校毕业生可参加定点创业培训机构组织的创业培训，补贴标准不超过每人每天180元。

高校毕业生参加省级以上创业大赛被评为优秀项目的，获奖的前三名，可以分别给予10万元、8万元、6万元奖励。同时，毕业年度和离校2年内的高校毕业生，首次创办小微企业或从事个体经营且正常运营1年以上的，根据创业带动就业人数可给予一次性创业补贴。毕业5年内高校毕业生以及毕业学年高校毕业生创办小微企业或从事个体经营的，可给予社保补贴。

自主创业且正常经营6个月以上的，可给予毕业生每年最高2 000元、最长3年的场租补贴。进行个体经营的毕业生，可申请最高30万元的创业担保贷款。创办小微企业的，可申请最高300万元的创业担保贷款，按规定享受财政贴息。

江苏：更大力度支持灵活创新创业

政府投资开发的孵化基地等创业载体安排一定比例场地，免费向高校毕业生提供。开辟"绿色通道"，落实税费减免、富民创业担保贷款、财政补贴等各项政策。评估认定10家省级大学生创业园，分别给予最高100万元的一次性补助。继续遴选500个省级大学生优秀创业项目，每个项目给予10万元的无偿资助。举办"创响江苏"创业创新大赛、"创业江苏"科技创业大赛，选树高校毕业生创业典型，全年引领大学生创业不少于2.5万人。

资料来源：http://www.moe.gov.cn/jyb_xwfb/s5147/202006/t20200622_467538.html，有改动

任务训练

政策收集

收集创新创业政策

收集国家或地方政府为扶持创新创业活动出台的政策，并从中筛选出可能对你有用的政策。

项目实训——创业模拟

合伙创办小吃店

活动目的：

通过活动，使学生了解创业的要素和创业的过程。

活动内容：

在全班同学中挑选出 3 名同学，1 人扮演房东，另外 2 人扮演客人。其他同学每 6 人组建一个创业团队，模拟合伙创办小吃店。小吃店启动资金为 80 000 元。其中，房租 5 000～8 000 元，店铺装修费和设备费 50 000 元，剩余资金为现金储备。具体活动流程如下：

（1）各团队内部协商，确定组织架构和分工。

（2）各团队派出 1 名成员与"房东"谈判，争取以最低的价格租下店铺。

（3）各团队内部协商，确定具体经营的项目、店铺装修风格和营销策略等（要有特色，有创意），并整理成纸质材料。

（4）2 名"客人"查看各店铺创办计划，并与"房东"一起根据表 1-2 为各团队打分。

表 1-2　活动评价表

评分标准	满分	实际得分	备注
人员分工合理	20		
房租合适（房租越低，得分越高）	20		
经营项目合理且有创意	20		
店铺装修风格有创意	20		
营销策略合理且有创意	20		
总　分	100		

项目二

培养创新素养

创新是人类特有的认识能力和实践能力，是实现自我价值的重要方式，是推动民族进步和社会发展的不竭动力。一个人要想取得成就，一个民族要想走在时代前列，就不能没有创新，就一刻也不能停止各种创新。

大学生要想实现创新，就必须培养自身的创新素养。创新素养通常包括创新意识、创新精神、创新思维、创新能力及创新方法等几个方面。作为一名大学生，我们不仅应加强自己的创新意识，敢于打破常规，发扬创新精神，还应养成良好的思考和学习习惯，努力提高自己的创新能力。同时坚持不懈地发现问题并找寻解决问题的办法，坚定信念，不断进取。

请同学们想一想：你是否经常人云亦云？是否总是效仿别人的想法、说法、做法？是否提出过什么创新建议？

学习目标

知识目标：

- 了解创新精神的内涵，掌握创新意识的培养方法。
- 了解创新思维的概念和种类，掌握创新能力的培养方法。
- 掌握头脑风暴法、奥斯本检核表法、5W2H 分析法、组合创造法和分析列举法的要点。

能力目标：

- 能够结合所学内容激发自己的创新潜能。
- 能够摆脱惯性思维的困境，用创新思维解决现实中的问题。
- 能够在学习和生活中培养自己的创新思维和创新能力。
- 能够运用头脑风暴法、奥斯本检核表法、5W2H 分析法、组合创造法和分析列举法提出创新建议。

素质目标：

- 自觉培养创新意识，树立乐于创新、勇于创新的创新精神。
- 明确创新思维和创新能力的重要性，树立主动培养创新思维、提升创新能力的意识。

项目导入
XIANGMU DAORU

大疆科技崛起之谜

"The future of possible（未来无所不能）"，深圳市大疆创新科技有限公司沿这条主旨成为全球飞行影像系统的先驱。在大众创新、万众创业的今天，大疆科技的成功路径在哪里？其创业的秘诀又是什么？

把无人机应用延伸到民用市场，在全球都没有过多的尝试，因此，在技术上和市场模式上，都没有先例可循。可以说，大疆科技创业可谓举步维艰。然而可贵之处在于，大疆科技敢于沿着既定方向进行执着的探索。从发烧友圈子中走出来，直到民用市场真正启动，大疆科技一直本着原创精神，独家研发出国内外的前沿技术，从而站稳了自己的国际地位。对"跟风"型企业而言，这种创新能力是无可比拟的。用大疆科技副总裁邵建伙的话说，"创造所带来的利益，会远远大过模仿带来的利益。"坚持独创，这正是大疆科技走向成功的源泉。事实证明，国际高端原创技术，并非初创者无可抵达，关键在于是否有执着的毅力和正确的方向。

在激烈的市场竞争中，企业往往对于市场因素特别敏感，在通常情况下，企业往往首先关注市场价格、市场动态、企业利润甚至资本运作。和很多企业不同的是，大疆科技更多的是关注自己的产品。在其"纯粹"文化之下，大疆科技没有过多地为"复杂"因素所干扰，从而得以集中精力攻克技术高地。这方面，或许有人会说，只顾埋头赶路，不顾抬头看天并不是企业发展的法则。实际上，大疆科技所开辟的是一条新兴行业领域，竞争态势的不同，促使大疆科技采用了正确的应对策略，即首先以技术占领市场，技术才是制高点。可以说，大疆科技的成功，也是专注的成功。

利润是企业成功与否的验金石，这一点为很多企业推崇，而对于大疆科技来说，这一点并不重要。大疆科技在保持领先地位的同时，更注重整个行业的创新发展，"一个行业形成了完整的创新链条，这个行业才能健康发展。"因此，大疆科技呼吁行业创新，积极加入行业人才培养，以形成良好的行业整体创新环境。

资料来源：http://scitech.people.com.cn/n/2015/0504/c1057-26940815.html，有改动

任务一 认识创新意识与创新精神

名人语录

一个人要想做点事业，就得走自己的路。要开创新路子，最关键的是你能不能提出问题。若能正确地提出问题，就意味着迈出了创新的第一步。

——李政道

? 问题导入

创新是社会发展的基础和源泉，而创新需要创新意识作为驱动因素，没有创新意识，创新活动根本无从谈起。创新精神是实现创新活动的保证，它能使人们不受旧事物、旧思想、旧规则的约束，创造性地提出新事物、新想法、新规则。在进行下面的学习之前，请同学们思考以下问题。

（1）什么是创新意识？如何培养创新意识？
（2）什么是创新精神？它在创新活动中起什么作用？

知识链接

一、创新意识

（一）创新意识的概念

创新意识是指人们根据社会和个体生活发展的需要，引发创造前所未有的事物或观念的动机，并在创造活动中表现出的意向、愿望和设想。它是人们进行创造活动的出发点和内在动力，是创造性思维和创造力的前提。

（二）创新意识的培养

创新意识是可以培养的，大学生可以从以下几个方面培养创新意识，为以后的创业之路做好准备。

培养创新意识所需的五要素

1. 打破思维枷锁

束缚大学生思维的枷锁大致有以下五种。

1）从众型思维枷锁

思维从众倾向比较强烈的人，在认知事物、判断是非时，往往会附和多数人的意见，人云亦云，缺乏主见和独立思考的能力。例如，当你和他人在对某件事情发表看法时，若大家的看法和你的不一样或相反，这时你若怀疑自己的看法，认为自己的看法是错的，并放弃了自己的观点，便是一种从众型的思维方式。在创新的过程中，这种容易受到外界群体言行影响的思维方式是滞后的、没有新意的。

2）权威型思维枷锁

权威型思维枷锁是指思维中的权威定势。通常，人们习惯于引证权威的观点，不加思考地以权威作为判断是非的标准，这就是权威定势。例如，人是教育的产物，来自教育的权威定势使很多人对"教育权威"的言论不加思考地盲信盲从，缺少"自我思索、冲破权威、勇于创新"的意识。如

果一味盲从"教育权威",大学生的思维就会被束缚,不再积极主动地思考。

3)经验型思维枷锁

在生活中,按照前人总结的经验或自己过往的经验处理问题,通常能达到事半功倍的效果,这就导致人们总是过分依赖经验,长此以往,就会形成固定的思维模式,从而制约创新思维能力的发展。此外,经验也具有很大的狭隘性,它会束缚人的思维广度,使人不能正确地完成信息加工的任务,进而形成片面性的结论。创新思维要求大学生必须拓展思路,大胆展开想象,不被以往的条条框框所束缚。

4)书本型思维枷锁

书本是千百年来人类经验和智慧的结晶,它为我们呈现的是系统化、理论化的知识,能够带给我们无穷多的好处。但如果我们一味地死读书,就会陷入教条主义。大学生不应该成为书本的奴隶,而应该活学活用,读书不为书所累,"睹一事于句中,反三隅于字外",做书本的主人,善于驾驭知识,理论联系实际,否则,将严重影响自身创新思维的发挥。

5)自我贬低型思维枷锁

有的人做事没有信心,总认为"我不行,我做不到",从来不敢去尝试,由此形成恶性循环——因没有自信而不去做,因不做而更加没有自信,最终饱受自我批判、自我贬低的折磨。要想创新,任何时候都不要贬低自己,凡事要持乐观态度,专注自己的长处,勇敢地行动起来。只有积极改变思维和行动方式,树立自信,我们才能发现自己的潜力,才能更好地实现创新。

砥节砺行

对于大学生来说,思维的枷锁就像一座无形的监狱,只有将守旧观念丢掉,勇于冲破思维的藩篱,才能走进创新的世界。

2.充分激发创新思维潜能

1)独立思考,敢于质疑

爱因斯坦曾说过,提出一个问题往往比解决一个问题更重要。因为解决问题也许仅是一个数学上或实验上的技能而已,但提出新的问题,却需要有创造性的想象力。因此,大学生不要盲目地听从他人,而要勇于挑战,敢于质疑;要敢于打破对传统、权威、书本的迷信,走前人没有走过的路,创前人没有开创的新事业。

2)精通所学,兴趣广泛

放眼人类历史,创新绝不是无本之木、无源之水,都是在常规知识的基础上的综合与提高。唯有打牢基础知识,才有可能实现创新。因此,大学生应精通所学课程,并培养广泛的兴趣爱好,以扎实、系统的专业知识,开阔的视野和丰富的技能,促使自己"灵感乍现"。

3)留心观察,善于发现

在生活中,只要留心观察,就能从一些细小的地方或平常的事情中获得知识。这些知识如同粒粒沙子,经过日积月累,就能够堆成一座座沙丘,从而为创新奠定基础。例如,看古装电视剧时,我们可以了解一些历史知识,如古人的习俗、衣着、饮食习惯等;看现代电视剧可以了解当代年轻人所思所想所为等。

大学生不应局限于课堂学习，而应在生活中处处留心，仔细观察，以丰富自己的知识和阅历，从而为实现创新打下扎实的基础。

案例阅读

"90后"女孩剪纸中创出大事业

"90后"女孩研发磁性剪纸，
成就创业梦想

王某是杭州某学校的一名"90后"学生，在上学期间，她发明了磁性剪纸专利产品。传统的镂空剪纸比较脆，稍不注意就会被撕破，涂上糨糊之后就更容易破损。磁性剪纸解决了传统剪纸易破、易变色及张贴不方便等问题。另外，由于这种产品使用的是环保材料，还可以循环利用。

提起磁性剪纸的发明过程，王某笑着说："这纯属偶然。"有一次，在帮亲戚装扮婚车时，王某发现剪纸虽然漂亮，用起来却很不方便。于是，她就和父亲商量，发明一种既不破坏剪纸的艺术效果，又便于张贴的剪纸。父女二人很快就投入到了发明创造中。经过反复试验，王某终于找到了一种特殊的磁性材料来代替传统的剪纸材料。使用这种材料剪出的艺术剪纸很容易就可以吸附在铁质的物体上，此外，借助水还可以轻易地将剪纸粘贴在玻璃等光滑的物体上，并且不易被撕破。

借助此项发明，王某创办了一家磁性剪纸文化创意公司。在不到一年的时间里，她的公司已经发展了10余家加盟商，仅此一项产品的经济收入就达到了30余万元。

资料来源：https://club.1688.com/threadview/32369741.htm，有改动

4）刨根问底，坚持不懈

大学生要实现创新，就要把刨根问底、坚持不懈的精神运用到学习和生活中，不断探索各种事物的本源及实质。这种锲而不舍、坚定执着的态度是创新的推动器，能够帮助你实现梦想。

3. 投身社会实践

古人云："读万卷书，行万里路。"唯有与实践相结合，理论才有意义。只有精通理论，才可能去改进实践；只有拥有丰富的实践经验，才可能产生新的理论。

大学生要想培养创新意识，提高创新能力，就必须投身社会实践。只有在实践中，才能找出、缩短"想"与"做"的差距，才能让我们的创新理念变为现实。

二、创新精神

（一）创新精神的概念

创新精神是指能够综合运用已有的知识、信息、技能和方法，提出新方法、新观点的思维能力，以及进行发明创造、改革、革新的意志、信心、勇气和智慧。

什么是创新精神？

（二）创新精神的内涵

具体来说，创新精神的内涵包含以下两个方面。

1. 推陈出新精神

创新精神是一种勇于抛弃旧思想、旧事物，创立新思想、新事物的精神。例如，不满足已有认识，不断追求新知识；不满足现有的生活生产方式、工具、材料、物品等，根据实际需要或新的情况不断对其进行革新；不墨守成规，敢于打破原有规则，探索新的规律、新的方法；不迷信书本、权威，敢于根据事实和自己的思考，质疑书本和权威；不盲目效仿别人的想法、说法、做法，能够独立思考，坚持说自己的话，走自己的路；不喜欢大众化，追求新颖、独特、与众不同……这些都是创新精神的具体表现。

📖 案例阅读

金手天焊——记时代楷模、全国劳动模范高凤林

说高凤林是"金手天焊"，不仅因为早期人们把用比金子还贵的氩气培养出来的焊工称为"金手"；还因为他焊接的对象十分金贵，是有火箭"心脏"之称的发动机；更因为他在火箭发动机焊接专业领域达到了常人难以企及的高度。"金手天焊"是高凤林技艺高超，屡屡攻克焊接技术难关的写照，更是新时代航天高技能工人风采的体现。

矢志报国，航天事业练就焊接神技

刚迈出校门的高凤林，走进了人才济济的火箭发动机焊接车间氩弧焊组，跟随我国第一代氩弧焊工学习技艺。为了练好基本功，他吃饭时习惯拿筷子比画着焊接送丝的动作，喝水时习惯端着盛满水的缸子练稳定性，休息时举着铁块练耐力，更曾冒着高温观察铁水的流动规律。渐渐地，高凤林日益积攒的能量迸发出来。

20 世纪 90 年代，为我国主力火箭长三甲系列运载火箭设计的新型大推力氢氧发动机，其大喷管的焊接曾一度成为研制瓶颈。全部焊缝长度近 900 米，管壁比一张纸还薄，焊枪停留 0.1 秒就有可能把管子烧穿或者焊漏，一旦出现烧穿和焊漏，不但大喷管面临报废，损失百万，而且影响火箭研制进度和发射日期。高凤林和同事经过不断摸索，凭借着高超的技艺攻克了烧穿和焊漏两大难关。然而，焊接出的第一台大喷管 X 光检测显示，焊缝有 200 多处裂纹，大喷管将被判"死刑"。高凤林没有被吓倒，他从材料的性能、大喷管的结构特点等方面展开分析与排查。最终，在高层技术分析会上，他在众多技术专家的质疑声中大胆直言，是假裂纹！经过剖

切试验，在 200 倍的显微镜下显示他的判断是正确的。就此，第一台大喷管被成功送上了试车台，这一新型号大推力发动机的成功应用，使我国火箭的运载能力得到大幅提升。

勇于创新，自我突破成就专家工人

高凤林在工作中敢闯敢试，坚持创新突破，将无数次"不可能"变为"可能"。某型号发动机组件，生产合格率仅为 35%，但需要半年内拿出大批量合格产品。该产品采用的是软钎焊加工，而高凤林的专业是熔焊，这是一次跨专业的攻关。高凤林从理论层面认清机理，在技术层面把握关键。他跑图书馆、浏览专业技术网站，千方百计搜寻国内外相关资料。每天，高凤林带领组员在 20 多平方米的操作间进行试验，两个月里试验上百次，厘清了两种材料的成因机理，并有针对性地从环境、温度、操作控制等方面反复改进，最终形成的加工工艺使该产品的合格率达到 90%。

不断取得的成功没有让高凤林飘飘然，他反而越来越感到知识的可贵，认为操作工人应该用智慧武装头脑，更好地指导实操作业。离开学校 8 年后，高凤林重新走进校园，捧起课本，开始了长达 4 年艰苦的业余学习。他白天穿梭于工作现场、训练场、课堂，晚上抱着两摞厚厚的书籍学习到三四点。功夫不负有心人，高凤林先在技术比赛中取得了实操第一、理论第二的好成绩，不久又拿到了盼望多年的大学专科文凭，之后他又完成了本科到研究生的学习。

"不仅会干，还要能写出来指导别人干。"高凤林一直这样要求自己。在操作难度很大的发动机喷管对接焊中，高凤林研究产品的特点，灵活运用所学的知识，提出了"反变形补偿法"进行变形控制，后来这一工艺获得了国家科技进步二等奖；他还主编了首部型号发动机焊接技术操作手册等行业规范，多次被指定参加相关航天标准的制定。自学、实践、总结、再实践的过程，让高凤林逐渐成为国内权威的焊接专家，成为大家眼中把深厚的理论与精湛的技艺完美结合的专家型工人。

"事业为天，技能是地"，高凤林参加工作 30 多年来，默默奋战在火箭发动机系统焊接第一线，他敢为人先、勇于创新、艰苦奋斗、甘于奉献，为中国航天事业的发展做出了突出贡献。他热爱自己的祖国和所从事的事业，以主人翁的责任感、刻苦钻研的精神、无私奉献的态度，走出了一条成才之路，成为新时代高技能人才的楷模。在他身上劳模精神得以发扬光大，散发出更多的光和热，汇聚成这个时代宝贵的精神财富。

资料来源：http://tv.cctv.com/2016/04/27/ARTI82AtmZcFwlxWiPZnB8mg160427.shtml，有改动

2. 科学精神

创新精神是科学精神的一个方面。第一，创新精神以敢于摒弃旧事物、旧思想，创立新事物、新思想为特征，同时，创新精神又要以遵循客观规律为前提，只有在符合客观需要和客观规律时，创新精神才能顺利地转化为创新成果；第二，创新精神提倡新颖、独特，同时又要受到一定的道德观、价值观、审美观的制约；第三，创新精神提倡独立思考、不人云亦云，但并不是不倾听别人的意见、孤芳自赏，而是相互交流、团结合作；第四，创新精神提倡大胆尝试、不怕犯错误，但这并不是鼓励犯错误，只是出现错误在科学探究过程中是不可避免的；第五，创新精神提倡不迷信书本、权威，但并不是反对学习前人经验，因为任何创新都是在前人成就的基础上进行的……总之，要用全面、辩证的观点看待创新精神。只有具有创新精神，我们才能在未来的发展中不断开辟出新的天地。

任务训练

一、创新意识测评

有些人追求安稳，喜欢一成不变的生活，有些人则喜欢求新求变，喜欢不断地去尝试。通过下面的测试题，来看看你的创新意识如何吧。

测试题：

请根据实际情况回答，"非常同意"计1分，"比较同意"计2分，"稍许同意"计3分，"不太同意"计4分，"很不同意"计5分，"极不同意"计6分。

（1）印在纸上的主意、想法，其价值还不如印它们的纸张。

（2）世界上有两种人，一种人追求拥护真理，另一种人排斥真理。

（3）大多数人并不知道什么才是对自己有益的。

（4）人生中的大事就是去做自己认为重要的事。

（5）在这个复杂的世界里，要了解事情的演变情形，唯一的途径就是信任我们的领导人或专家。

（6）在当代论点不同的所有哲学家当中，有可能只有一两位的论点是正确的。

（7）大多数人根本不会替别人设身处地地想一想。

（8）最好先听取自己所尊敬的人的意见，再做判断和决定。

（9）唯有投身追求一个理想，才能使生命变得有意义。

（10）当有人固执不肯认错时，我就会很急躁。

测试结果：

（1）0～18分：创新意识很弱。

（2）19～40分：创新意识中等。

（3）41～60分：创新意识较强。

二、创新意识训练题

1. 组合游戏题

组合下列不同领域的物体，你可以组合成哪些有意义、有价值的东西？

卧室	自动化
床	运送装置
睡觉的地方	移动
窗帘	加热器
位于浴室附近	不同颜色
让人有安全感	自动门锁

2. 思考题

如何从洞里掏出铁球

有一棵长在沙丘旁边的大树，树的根部有一个 1 米深、碗口大的洞。有一天，几个小孩在树下玩铁球，一不留神，铁球掉进了洞里。孩子们只有一根 1 米长的木棍，此外再也没有其他可以利用的工具了。

请问：如何通过动态的组合把掉进洞里的铁球掏出来？

任务二　培养创新思维与创新能力

名人语录

在创新活动中，只有知识广博、信息灵敏、理论功底深厚、实践经验丰富的人，才容易在多学科、多专业的结合创新中和跳跃的创造性思维中求得较大的突破。

——郎加明

有发明之力者虽旧必新，无发明之力者虽新必旧。

——陶行知

问题导入

创新需要具备创新思维和创新能力。创新思维是一切创新活动的开始，是创新活动的灵魂和核心，而创新能力则是推动创新活动的关键。在进行下面的学习之前，请同学们思考以下问题。

（1）什么是创新思维？
（2）常见的创新思维有哪些？
（3）什么是创新能力？如何培养创新能力？

知识链接

一、创新思维

（一）创新思维的概念

创新思维是一种有创见的思维，即人脑对客观事物未知部分进行探索的活动，是人脑发现和提出新问题，设计新方法，开创新途径，解决新问题的活动。

（二）创新思维的种类

创新思维的种类有很多，以下是几种常见的、主要的创新思维。

1. 逆向思维

逆向思维也叫"求异思维"，是对司空见惯的、似乎已成定论的事物或观点反过来思考的一种思维方式。在日常生活中，常规思维难以解决的问题，通过逆向思维可能会轻松化解。例如，当小伙伴落入水缸急需施救时，常规的思维模式是"救人离水"，而少年时期的司马光面对险情，却运用了逆向思维，果断地用石头把缸砸破，"让水离人"，从而挽救了小伙伴的性命（见图2-1）。

图 2-1　司马光砸缸雕像

逆向思维的方法主要有以下三种：

（1）反转型逆向思维法，指从常规思路的相反方向进行思考的一种思维方法。

（2）转换型逆向思维法，指由于解决问题的常规手段受阻，而转换成另一种手段或转换思考的角度，使问题得到解决的一种思维方法。

（3）缺点型逆向思维法，指将事物的缺点变为可利用的特点，化被动为主动，化不利为有利的一种思维方法。

📖 **案例阅读**

巧使货车过天桥

在通过一座天桥时，由于司机没有看清天桥的高度标记，由其驾驶的货车被卡在了天桥下面。为了让这辆货车顺利通过天桥，司机想了很多办法，如用人力推、卸车上的货物等，但都无济于事。这时，旁边围观的一个小孩子走了过来，笑着说："你们为什么不把车胎的气放点出来呢？这样车身的高度不就变低了。"司机一想，觉得这确实是一个办法，于是便放了一点车胎气，货车的高度果然降了下来。最终，货车顺利地通过了天桥。

这就是逆向思维的奇妙之处，小孩子运用逆向思维，想到了连大人都没有想到的方法，巧妙地解决了问题。

这个故事告诉我们，常规思维有时不但不能解决问题，而且会束缚我们的思路，影响我们的创造性。这时，让思维适时地"转弯"，从相反的方向去思考，往往会引出新的思路，让问题迎刃而解。

资料来源：
https://wenku.baidu.com/view/de02e9cea1116c175f0e7cd184254b35effd1a4a.html，有改动

2. 发散思维

什么是发散思维？

发散思维又称"辐射思维""放射思维""扩散思维"，是指在对事物或问题的研究中，保持思想活跃和开放状态的一种思维方式。

俗话说，"条条大路通罗马"，人的思维也是一样，面对一个问题，我们应从多个角度进行思考，提出多个不同的设想，不论方案是否可行，只求多、求新、求独创、求前所未有，以便为随后的集中思维提供尽可能多的解决方案。

发散思维没有固定的方向，也没有固定的范围，它不墨守成规，也不拘于传统，它使得思维由单向思考转为多向思考或者立体思考。从一定程度上说，人与人之间创新能力的差别就体现在发散思维的能力上。

要想熟练地运用发散思维，同学们应勤于实践，有意识地训练自己的思维，使自己的思维处于异常活跃的状态。例如，遇到问题时，应当摆脱旧观念的束缚，尽可能地赋予所涉及的人、事、物以新的性质，从多种维度发散自己的思维，如进行"一题多解""一事多写""一物多用"等方式的训练。按照这个方法进行思维训练，往往能够达到触类旁通、推陈出新的效果，不仅使自己逐渐形成从多方位、多角度思考的良好习惯，还会得到丰富多样且有创见的观点或思路。

📖 知识拓展

思维导图

思维导图又称"心智导图"，是一种表达发散思维的图形思维工具，如图 2-2 所示。它运用图文并重的技巧，把各级主题的关系用层级图表现出来，可以有效地帮助我们发散思维、理清思路。

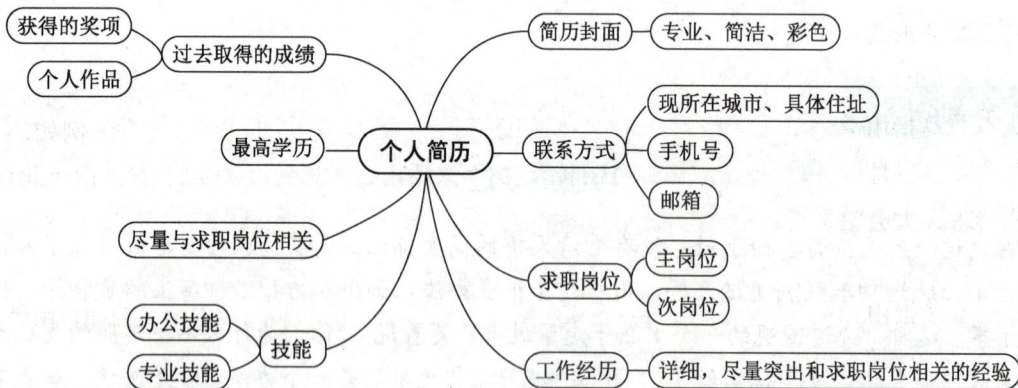

图 2-2　思维导图

人类大脑的自然思考方式是放射性思考，每一种进入大脑的资料，不论是感觉、记忆或是想法，都可以成为一个思考中心，并由此中心向外发散出许多节点，而每一个节点又可以成为另一个中心主题，再向外发散出成千上万的节点，呈现出放射性立体结构。这种放射性的立体结构就是思维导图的雏形。

思维导图既可以采用手工绘图的方式完成，也可以借助计算机软件完成。手工绘制思维导图的步骤如下：

（1）准备一张白纸和笔。

（2）在纸的正中央写下主题。

（3）从主题出发，绘制发散的线条作为一级分支，然后用关键词为每条一级分支命名。

（4）从每条一级分支出发，再绘制发散的线条作为二级分支，并用关键词为每条二级分支命名。

（5）依此类推，绘制三级分支，并添加相应的关键词。

3. 集中思维

集中思维又称"聚敛思维"，是指在发散思维的基础上，将获得的若干信息或思路重新组织，使之指向一个正确的答案、结论或方案的一种思维方式。具体说来，就是对发散思维提出的多种设想进行整理、分析，再从中选出最有可能、最经济、最有价值的设想，并加以深化和完善，从而获得一个最佳的方案。

集中思维是与发散思维相对而言的，两者具有互补性。从某种程度上来说，创造性思维活动实际上就是发散思维和集中思维有机结合、循环往复而构成的思维活动。教学实践证明：只有既重视学生发散思维的培养，又重视其集中思维的培养，才能更好地促进学生的创新思维发展，提高学生的学习能力，从而培养出高素质的人才。

4. 联想思维

联想思维是指在原先并不相关的事物之间搭起一座桥梁，将其联系起来的一种思维方式。人们常说的"由此及彼""由表及里""举一反三"等就是联想思维的体现。联想思维可以使我们扩展思路、升华认识、把握规律，联想思维能力越强，越能把意义上跨度很大的事物联系起来，从而使思路变得更加开阔。

什么是联想思维？

联想思维的形式一般分为以下几种。

1）接近联想

接近联想是指由一个事物联想到在时间、空间或某种联系上相接近的另一个事物。例如，由"桃花"想到"阳春三月"，由"蝉声"想到"盛暑"，由"大雁南去"想到"秋天到来"，由"北京天安门"想到"人民大会堂"等。

2）类比联想

类比联想是指由一个事物想到另一个与其在性质、形态上接近或相似的事物。例如，由"大海"想到"海浪""鱼群""轮船""海底电缆""海洋资源的开发和利用"等。

3）对比联想

对比联想是指由一个事物联想到与其具有相反特点的另一个事物。例如，由"白"想到"黑"，由"高兴"想到"忧伤"，由"自由"想到"禁锢"，由"朋友"想到"敌人"，由"战争"想到"和平"，等等。对比联想能让人看到事物的对立面，对于深入认识和分析事物有重要的作用。

5. 逻辑思维

逻辑思维又称"抽象思维"，是指人们在认识事物的过程中借助概念、判断、推理等思维形式，能动地反映客观现实的一种思维方式。它是人类认识的高级阶段，即理性认识阶段。只有利用逻辑思维，人们才能把握事物的本质和规律。例如，在运用某种创新思维方法提出多种新的设想后，要先对每种设想进行分析、比较，然后根据可行性和可能产生的社会效益和经济效益进行筛选，这个过程就是逻辑思维的运用过程。

6. 灵感思维

灵感思维是指在接触某个事物或思考某个问题的过程中，因受到某种启发而突然涌现某种想法或解决方案的一种思维方式。它是在抽象思维和形象思维的基础上产生的顿悟式思维。

灵感思维在科学研究和文艺创作中经常出现或被运用，它具有偶然性、突发性等特点，通常是可遇而不可求的。因此，我们要善于抓住灵感思维，并对其进行深入的思考和研究，以促进新事物的产生或疑难问题的解决。

二、创新能力

（一）创新能力的概念

创新能力又称"创造力"，特指创造者进行创新活动的能力，也就是产生新想法，创造新事物或新理论的能力。

（二）创新能力的培养

创新能力和其他能力一样，可以通过不断的学习、练习和实践培养出来。

1. 学习

伟人、科学家、发明家、企业家之所以能够获得成功，是因为他们具有独特的思维方式——创新思维。而创新思维可以通过学习获得。因此，大学生应学习并掌握创新思维的种类及方法，了解束缚创新思维的枷锁，并有意识地摆脱固定的思维模式。

2. 练习

学习了创新思维之后，下一步就要练习。练习是提高创新能力的必要途径，通过练习，头脑能够变得更加聪明和灵活。练习的内容主要包括想象力、逆向思维能力、发散思维能力、集中思维能力、联想思维能力、逻辑思维能力等的训练。由于创新性的构想往往是从众多的构想中产生的，因此，要先有"量"后有"质"，做到"量"中求"质"。

3. 实践

实践就是用创新的思维、创新的方法创造性地解决各类问题。例如，一家售卖柴油机的企业开展了"一日一构想"活动，要求每个员工每年提出 100 条关于企业更好发展的构想，结果每个员工平均每年提出了 300 条以上的构想。凭借员工的这些构想，这家企业制订了一系列创新发展计划，每年的经济效益递增 20%以上。

4. 坚持

创新贵在坚持。在经济快速发展和科技日新月异的当今社会，只有创新才能促进发展，赢得未来。因此，我们应该把开展创新活动、提高创新能力作为一项长期的任务来抓，不断坚持下去，这样才能取得实质性的进步。

砥节砺行

创新能力不是与生俱来的，而是在后天的不断学习和训练中逐步提高和增强的。当代大学生应该继承并发扬中华民族自强不息、艰苦奋斗的精神，通过不懈努力，不断提高自己的创新能力，把提升创新能力作为一种精神去追求。

任务训练

一、逆向思维训练

1. 哭笑娃娃

（1）游戏目的：训练学生的快速反应能力和逆向思维能力。

（2）游戏玩法：一起玩"石头、剪刀、布"，但要求每局中赢的一方做"哭"的动作，输的一方做"笑"的动作，做错即被淘汰。

2. 反口令

（1）游戏目的：训练学生的快速反应能力和逆向思维能力。

（2）游戏玩法：两人一组，轮流发出"口令"，双方需要根据"口令"做相反的动作，如一方说"起立"，对方就要坐着不动；一方说"举左手"，对方就要举右手；一方说"向前走"，对方就要往后退……总而言之，双方要"反着来"。谁先做错就算谁输。

二、发散思维训练

（1）请在五分钟内尽可能多地写出含有数字一至十的词汇，如"一心一意""五颜六色"等，然后与同学比一比，谁写得最多且无误。

（2）绘制一张思维导图，尽可能多地列出冰块或肥皂的用途。

（3）绘制一张思维导图，尽可能多地列出"缓解上班高峰期电梯拥挤"的方法。

（4）写出四种"A能够影响B"的情况，如"书籍能够影响人的身心"。

（5）用"古怪""台风""一棵树""杂货店""天使"这五个关键词编故事，故事长短不限，关键词先后次序不限，但要求要用到所有的关键词，最后比一比谁的思维最发散，故事编得最好。

三、集中思维训练

（1）下列两组词中，哪一个词语与同组的其他词语不同？

① 房屋　冰屋　平房　办公室　茅舍

② 沙丁鱼　鲸鱼　鳕鱼　鲨鱼　鳗鱼

（2）请分别为下面三组题目填上缺失的数字或字母。

① 2　5　8　11　____

② 2　5　7

　4　7　5

　3　6　____

③ E　H　L　O　S　____

（3）假如你是一家钟表商店的经理，商店门前要挂两个大的钟表模型，你认为时针和分针分别摆在哪个位置最好？请先发散你的思维，设想尽可能多的方案，然后从中选出最佳方案。

◆ 四、联想思维训练

（1）请分别列出下列各组中事物之间存在的某种联系，越多越好。

① 桌子和椅子

② 人才市场和商品市场

③ 工厂和学校

（2）如果遇到交通堵塞，车辆排起了长龙，你会产生哪些联想？

（3）看到新生入学的场景，你会联想到哪些相关的事情？

（4）"举头望明月，低头思故乡"是诗人身处异乡触景生情、思念家乡的思维活动。请问，诗人运用了哪些联想思维？

（5）木头和皮球是两个风马牛不相及的物品，但我们可以通过联想，使它们产生联系。例如，木头—树林—田野—足球场—皮球。请同学们想一想下列两组物品之间有什么联系：① 天空和茶；② 钢笔和月亮。

◆ 五、逻辑思维训练

（1）在 8 个同样大小的杯中，有 7 杯盛的是凉开水，1 杯盛的是白糖水。你能否只尝 3 次，就找出盛白糖水的杯子？

（2）假设有一个池塘和 2 个空水壶，空水壶的容积分别为 5 升和 6 升。请问，如何用这 2 个水壶从池塘里取得 3 升的水？

（3）一个人花 8 块钱买了一只鸡，9 块钱卖掉了，然后他觉得不划算，花 10 块钱又买回来了，11 块卖给另外一个人，请问，他赚了多少钱？

（4）假设燃烧 1 根不均匀的绳子要用 1 个小时，请问，如何用它来判断半个小时的时间？

任务三　掌握创新方法

名人语录

对于创新来说，方法就是新的世界，最重要的不是知识，而是思路。

——郎加明

问题导入

生活中，我们常常被一些条条框框所约束，以致不能提出有创意的想法，难以实现创新。其实，创新也是有方法的，掌握这些方法，再通过一定的练习，便能有效提高创新能力。在进行下面的学习之前，请同学们思考以下问题。

（1）要想实现创新，我们可以采取哪些方法？

（2）在生活中，我们经常使用的创新方法有哪些？

知识链接

一、头脑风暴法

头脑风暴法又称"智力激励法""自由思考法""畅谈法""集思法"，是指无限制地进行自由联想和群体讨论的一种方法，其目的在于产生新观念或激发创新设想。

（一）头脑风暴法的实施原则

实施头脑风暴法时，群体讨论的方式十分关键。实施头脑风暴法应遵守如下原则：

（1）自由畅谈原则：即应创造一种自由、活跃的气氛，使参加者不受任何条条框框的限制，放松思想，从不同角度、不同层次、不同方位大胆地展开想象，从而尽可能地提出标新立异、与众不同的想法。

头脑风暴法

（2）延迟评判原则：即当场不对任何设想做出评价，既不肯定或否定某个设想，也不对某个设想发表评论性的意见，一切评价和判断都要延迟到会议结束后才能进行。

（3）禁止批评原则：即每个人都不得对别人的设想提出批评意见，因为批评对创造性思维会产生抑制作用。即使自己认为是幼稚的、错误的，甚至是荒诞离奇的设想，也不得予以驳斥。

（4）追求数量原则：即尽可能多地提出设想。参加会议的每个人都要抓紧时间多思考，多提方案。至于设想的质量问题，可留到会后的设想处理阶段去解决。

（二）头脑风暴法的操作程序

（1）准备阶段：① 主持人应事先对所议问题进行一定的研究，弄清问题的实质，找到问题的关键，设定解决问题所要达到的目标；② 选定与会人员，一般以 5～10 人为宜，不宜太多；③ 确定会议的时间、地点；④ 准备好纸、记录笔等工具；⑤ 布置场所。

（2）头脑风暴阶段：① 主持人简明扼要地介绍有待解决的问题；② 与会人员畅所欲言；③ 记录人员记录参加者的想法；④ 结束会议。

（3）选择评价阶段：① 将与会人员的想法整理成若干方案，再根据相关标准进行筛选；② 经过多次反复比较，优中择优，最后确定 1～3 个最佳方案。

📖 **案例阅读**

如何扫除电线上的积雪

有一个小镇，冬天格外寒冷，大雪过后，大量电线常常被冰雪压断，对居民的正常生活造成严重影响。为了解决这一问题，电力公司经理邀请镇上各个领域的技术人员，召开了一个"头脑风暴"座谈会。会议一开始，大家就你一言我一语地讨论起来。有人提出设计一种专用的电线清雪机；有人提出提高电压，使电线发热融化冰雪；有人提出用振荡的方法清除积雪；还有人提出干脆带上几把大扫帚，乘坐直升机把电线上的积雪扫下来。

一开始提出"坐飞机扫雪"的建议时，大家并不觉得这件事有可行性，但也没有人对这个异想天开的想法提出批评。接着，一位工程师沿着这个想法继续思索，一种简单可行且高效率的清雪方法冒了出来。他想，每当大雪过后，出动直升机沿积雪严重的电线飞行，依靠高速旋转的螺旋桨即可将电线上的积雪迅速扇落。他马上提出"用直升机扇雪"的新设想，顿时又引起其他与会者的联想，有关用飞机除雪的主意一下子又多了七八条。不到一小时，与会的 10 名技术人员共提出 90 多条新设想。

资料来源：https://www.meipian.cn/daekko9（有改动）

二、奥斯本检核表法

奥斯本检核表法

奥斯本检核表法是利用检核表来完成创意的方法。所谓检核表，是指根据需要研究的对象的特点列出相关问题，形成列表，创意者通过对问题逐个核对、讨论，从而发掘出解决问题的大量设想，以求得比较周密的思考。奥斯本检核表法的核心是改进。

奥斯本检核表法中的问题可归纳为九类，即九大检核类别。这九大检核类别分别是，能否他用、能否借用、能否扩大、能否缩小、能否改变、能否代用、能否调整、能否颠倒、能否组合，如表 2-1 所示。

表 2-1　奥斯本检核表

序号	检核类别	检核内容
1	能否他用	现有的东西（如发明、材料、方法等）有无其他用途？保持原状不变能否扩大用途？稍加改变，有无别的用途？
2	能否借用	能否从别处得到启发？能否借用别处的经验或发明？过去有无类似的东西可供模仿？现有的发明能否引入其他的创造性设想中？
3	能否扩大	现有的东西能否扩大使用范围？能不能增加一些东西？能否添加部件，拉长时间，增加长度，提高强度，延长使用寿命，提高价值，加快转速？
4	能否缩小	现在的东西能否缩小体积，减轻重量，降低高度，压缩、变薄？能否省略？能否进一步细分？
5	能否改变	现有的东西是否可以做某些改变？改变一下会怎么样？可否改变一下形状、颜色、声响、味道？是否可改变一下意义、型号、模具、运动形式？改变之后，效果又将如何？
6	能否代用	可否由别的东西或别人代替？能否用别的材料、零件代替，用别的方法、工艺代替，用别的能源代替？可否选取其他地点？
7	能否调整	能否调换一下先后顺序？可否调换元件、部件？是否可用其他型号？可否改成另一种安排方式？原因与结果能否对换位置？能否调整一下日程？
8	能否颠倒	颠倒过来会怎么样？上下是否可以颠倒过来？左右、前后是否可以调换位置？里外可否调换？正反是否可以调换？可否用否定代替肯定？
9	能否组合	组合起来怎么样？能否装配成一个系统？能否把目的进行组合？能否将各种想法进行综合？能否把各种部件进行组合？

（一）能否他用

对于某种物品，思考"能否他用"这类问题能使我们的想象力活跃起来。当我们拥有某种材料时，为了扩大它的用途，打开它的市场，就必须善于进行这类思考。

例如，花生有哪些使用方法？有人想出了花生的 300 种使用方法，仅仅是用于烹调，就想出了煮、炸、炒、磨浆等 100 多种方法。橡胶有什么用处？有人提出了多种设想，如用它制成床毯、浴盆、人行道边饰、衣夹、鸟笼、门扶手、棺材、墓碑等。当人们将自己的想象投入到思维"这条宽阔的高速公路"上时，就会以丰富的想象力产生更多好的设想。

（二）能否借用

科学技术的重大进步不仅表现在某些科学技术难题的突破上，也表现在科学技术成果的推广应用上。通过联想借鉴，不仅可以使创新成果得到推广，还可以再次推陈出新，实现二次创新。这样，一种新产品、新工艺、新材料，必将随着越来越多的新应用而显示出强大的生命力。

例如，当德国物理学家威廉·康拉德·伦琴发现"X 光"时，并没有预见到这种射线的任何用途。但后来人们通过联想借鉴，不仅将"X 光"用于治疗疾病，还将其用于观察人体内部的情况。同样，电灯起初只用来照明，后来，人们从电灯的光线中得到启发，通过改变光线的波长，发明了紫外线灯、红外线加热灯、灭菌灯等。

（三）能否扩大

在自我发问的技巧中，研究"扩大"与"放大"这类有关联的成分，不仅有助于提出大量的构思设想，还能使人们扩大探索的领域。例如：

"为什么不用更大的包装呢？"——橡胶工厂大量使用的黏合剂通常装在 1 加仑（1 加仑≈3.785 升）的马口铁桶中出售，这种铁桶使用后便被丢弃。后来，有位工人建议将黏合剂装在 50 加仑的容器内，容器可反复使用，节省了大量马口铁桶。

"能使之加固吗？"——织袜厂通过加固袜头和袜跟，使袜子的销量大增。

"能增加一些功能吗？"——牙膏中加入某种配料，便成为具有某种附加功能的牙膏。

（四）能否缩小

如果说"能否扩大"关注的是使用范围、功能、价值等的增加，"能否缩小"则强调某一功能或某一方面的精细化程度。它尽可能地删去或省略多余的成分，是一种追求精致和便利的思考方法。例如，迷你音响、笔记本电脑、折叠伞等就是"缩小"的产物。

（五）能否改变

通过改变事物的某些性质，可以为思维另辟蹊径，获得意想不到的结果。例如，改变一下车身的颜色，就会增加汽车的美感，从而增加汽车的销量；给面包裹上一层独特的包装，就能提高其吸引力。

（六）能否代用

通过取代、替换的途径，也可以为想象提供广阔的探索领域。例如，用氩气来代替电灯泡中的真空，可以提高钨丝灯泡的亮度。

（七）能否调整

"重新调整"通常会带来更多的创造性设想，进而实现创新。例如，飞机诞生的初期，螺旋桨是安装在飞机头部的，后来，人们将螺旋桨安装在飞机顶部，就成了直升机。又如，商店柜台的重新摆放，营业时间的合理安排，电视节目顺序的重新调整，机器设备的重新布局……都有可能产生更好的结果。

（八）能否颠倒

这是一种反向思维方法，在创造性活动中颇为常见和有效。例如，以前的工厂生产模式是工人围着机器和零件转，又累效率又低，后来有人改变了工序，让机器和零件围着工人转，便发展出流水线式生产模式，极大地提高了效率。

（九）能否组合

从综合的角度分析问题，有目的地将各个部分组合在一起，也可以带来创造性的成果。例如，把铅笔和橡皮组合在一起，就有了带橡皮的铅笔；把几种金属组合在一起，就有了性能各不相同的合金。

手电筒的创新思路

奥斯本检核表法是一种较为实用的创新方法，表 2-2 是该方法在改进手电筒方面的运用，同学们可以参考和学习。

表 2-2　手电筒的创新思路

序号	检核类别	引出的发明
1	能否他用	其他用途：信号灯、装饰灯
2	能否借用	增加功能：加大反光罩，增加灯泡亮度
3	能否扩大	延长使用寿命：使用节电、降压开关
4	能否缩小	缩小体积：1 号电池→2 号电池→5 号电池→7 号电池→8 号电池→纽扣电池
5	能否改变	改一改：改灯罩、改小电珠（一种钨丝灯泡）和使用彩色电珠等
6	能否代用	代用：用发光二极管代替小电珠
7	能否调整	换型号：两节电池直排、横排、改变式样
8	能否颠倒	反过来想：手电筒可以不用干电池，改用磁电机
9	能否组合	与其他物品组合：带手电的收音机、带手电的钟表等

三、5W2H 分析法

5W2H 分析法又称"七问分析法"。该方法利用 5 个以字母 W 开头的问题和 2 个以字母 H 开头的问题进行提问，以发现解决问题的线索，寻找创新思路，进行设计构思，从而产生新的创意。5W2H 的具体内容如下：

（1）What——是什么？目的是什么？做什么工作？

（2）Why——为什么要这么做？理由是什么？为什么会造成这样的结果？

（3）When——什么时机最适宜？什么时间完成？

（4）Where——在哪里做？从哪里入手？

（5）Who——由谁来承担？谁来完成？谁负责？

（6）How——怎么做？如何提高效率？如何实施？

（7）How much——做到什么程度？数量如何？质量水平如何？费用产出如何？

5W2H 分析法

候机厅的小卖部

某航空公司在机场候机厅的二楼开设了一个小卖部。奇怪的是，虽然候机厅每天人来人往，但小卖部自开张之日起便一直门庭冷落。公司经理用"5W2H 分析法"进行了问题筛查，最后发现问题出在 Who（谁）、Where（地点）及 When（时间）三个方面。

（1）Who（谁），谁是顾客？机场小卖部在开设时便确定了目标顾客是入境的旅客，但是这些旅客不需要上二楼。在二楼停留的大多是接送旅客的人，他们完全可以在市内的商场里购物，不必到机场小卖部来买东西。

（2）Where（地点），小卖部设置在何处？原来，旅客出入境的路线都是经海关检查后，直接从一楼左侧离开，根本不需要走二楼。小卖部的位置没有设在旅客的必经之路上。

（3）When（时间），何时购物？入境的旅客不上二楼，那么出境的旅客便成了潜在顾客，但是他们也只有在办完行李托运等相关手续后才有时间和精力去小卖部，而机场却规定旅客登机前才能将行李办理托运，这样，出境的旅客根本没有时间光顾小卖部。

由此可见，小卖部生意不佳的原因如下：① 未充分考虑目标顾客和潜在顾客；② 小卖部的位置偏离了旅客的必经之路；③ 旅客没有购物时间。

针对这三点，经理与航空公司协商，调整了旅客行李托运的时间规定和旅客出入境路线，从而保证了充足的客源，小卖部的生意也日益红火起来。

资料来源：https://www.chtc.edu.cn/cxcy/2016/1202/c1709a49015/page.psp，有改动

四、组合创造法

组合创造法是指从两种或两种以上的实物或产品中，根据原理、材料、工艺、方法、产品、零部件等不同的属性抽取合适的技术要素，进行重新组合，从而获得新的产品、新的材料、新的工艺的方法。它包括以下几种类型。

组合创造法

（一）主体附加法

主体附加法就是在某种产品上附加新的部件，使主体产品的功能或性能略有拓展，从而让消费者在拥有主体产品的同时获得锦上添花的附加利益。例如，带指南针功能的手表（见图2-3），能测量温度的奶瓶（见图2-4），及带照相功能的手机等，都是运用了主体附加法的创新产品。

图 2-3　带指南针的手表

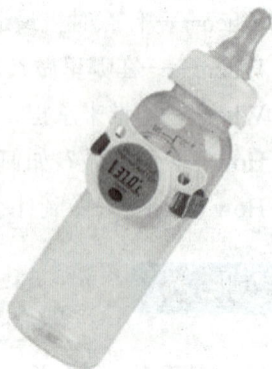

图 2-4　能测量温度的奶瓶

（二）同类组合法

同类组合法是指将两个或两个以上相同或相似的事物进行组合的方法。在同类组合中，参与组

合的对象与组合前相比，其基本性能和基本结构一般不会发生根本性变化。在生活中，运用同类组合法的创新产品有很多，如多头铅笔（见图2-5）、自行婴儿车（见图2-6）等。

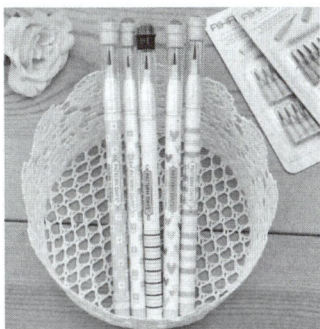
图2-5　多头铅笔

图2-6　自行婴儿车

（三）异类组合法

异类组合法是指将来自不同领域的两种或两种以上不同类别的事物进行组合的方法。在异类组合中，被组合的因子彼此之间一般没有明显的主次之分，参与组合的因子可以从意义、原则、构造、成分、功能等任意一方面或多方面相互渗透，从而使组合后的整体发生变化。例如，可视电话便是将显示屏和电话进行有机组合而创造出来的。

一个垃圾桶的成长之路

五、分析列举法

分析列举法是通过分析，尽可能全面地排列出事物的相关内容，从而形成多种构思方案的方法。分析列举法包括以下几种类型。

（一）特性列举法

特性列举法是指逐一列举创意对象的特征，然后进行联想，最后提出解决方案的方法。运用该方法时，首先要仔细分析研究对象，然后探讨能否对研究对象进行改革或创新。通常，要着手解决的问题越小，越容易获得创新的成功。特性列举法的操作步骤如下：

（1）对创新对象的特性进行列举，对象要具体、明确，列举要全面、详细。列举得越全面、详细，越容易找到创新和改进的方面。

（2）从名词特性、形容词特性和动词特性三个方面进行列举。名词特性包括对象的整体、部分、材质和制作方法等，形容词特性包括对象的形状、性质、颜色等，动词特性则包括对象的效用和功能等。

（3）在上述各项目下尽量将各种可替代的属性进行置换，以便产生新的设想和方案。

（4）提出新的方案并进行讨论和评价，努力按照实际需要进行改进。

（二）缺点列举法

缺点列举法是指抓住事物的缺点进行分析，以确定创新目的的方法。缺点列举法的具体步骤如下：

（1）尽可能多地列举事物的缺点，必要时，可事先进行广泛调研，征集意见。

（2）将列举的缺点进行归类、整理。

（3）逐条分析所列出的缺点，研究其改进方案，或者探讨能否将其缺点逆用，化弊为利。

案例阅读

减震球拍的发明

某公司原是一家规模较小的生产体育用品的工厂，为了拓展产品销售市场、销至海外，公司研发人员进行了市场调查。在调查过程中，他们了解到，最令网球初学者头疼的就是打不到球，即便打到也往往是一个"触框球"。研发人员就网球拍的这一"缺陷"向公司提议改进，最终制作出一款球拍框更大的球拍，更加适合初学者使用。这种球拍一上市，销售情况极好。

后来，公司研发人员又了解到初学者打网球时，手腕容易患一种被称为"网球腕"的炎症，这是腕力弱的人打球时因承受强烈的腕震而造成的。于是，公司用发泡聚氨酯作材料，经过无数次试验，制成了著名的"减震球拍"，产品行销国际市场。

资料来源：https://www.docin.com/p-621157459.html，有改动

（三）希望点列举法

希望点列举法是指从人们的需求和愿望出发，提出构想，从而产生发明创造的方法。例如，人们希望像鸟一样飞上天，于是就发明了热气球、飞机；人们希望冬暖夏凉，于是就发明了空调设备；人们希望夜间上下楼梯时，路灯能自动亮、自动灭，于是就发明了声控开关……这些发明都是根据人们的需求和愿望创造出来的。

希望点列举法的具体步骤与缺点列举法基本相似，这里不再赘述。

（四）成对列举法

成对列举法是指把任意选择的两个事项结合起来，成对列举其特征，或者对某一范围内的事物一一列举，依次成对组合，从中寻求创新设想的方法。成对列举法的具体实施步骤如下：

（1）把某一范围内所能想到的所有事物依次列举出来。

（2）任意选择其中两项依次组合起来，想象这种组合的意义。

（3）对所有的组合进行分析、筛选。例如，要设计新式多功能家具，可以先列举各种家具及室内用具：床、箱子、桌子、沙发、椅子、茶几、书架、台灯、柜子、衣架、镜子、音响等；然后，两两配对组合：床和沙发、床和箱子、桌子与书架、镜子与柜子、音响和台灯等；最后，对所有的组合方案进行分析，并将一些可行的方案落地实施，从而发明出新式多功能家具。

现实中，有些方案已经成为产品，如床和沙发组合成的沙发床、镜子和柜子组合成的带穿衣镜的柜子、床和箱子组合成的床底可兼做储物柜的组合床等。

知识拓展

TRIZ 理论

　　TRIZ 理论是发明问题的解决理论。它是苏联发明家根里奇·阿奇舒勒于 1946 年创立的。

　　根里奇·阿奇舒勒通过分析大量优秀的发明专利，发现大多数的创新或发明并不是全新的，而是一些已有的原理或结构在新领域的新应用。于是，他提炼出通用的问题模型及相应的解决方法。发明者只需要对具体的发明问题进行分析，找到其适用的问题模型，就能得知解决具体问题的方法。

TRIZ 理论

　　相对于传统的创新方法，TRIZ 理论具有鲜明的特点和优势。它成功地揭示了创造发明的内在规律和原理，着力澄清和强调系统中存在的矛盾，其目标是完全解决矛盾，从而获得最终的理想方案，而不是采取折中或者妥协的做法。

资料来源：https://baike.so.com/doc/5409512-5647535.html，有改动

任务训练

一、头脑风暴法练习

　　运用头脑风暴法，思考"如何改善城市拥堵的交通状况"和"如何改变城市空气污染"这两个社会问题的解决方案。具体要求如下：

　　（1）教师将学生分组，3～5 人为一组，各组分别选出一个活动记录员。

　　（2）教师提出问题，并给学生留出一定的思考时间，让学生在放松的状态下进行准备。

　　（3）小组成员畅所欲言，然后各组派代表汇报结果。

　　（4）在规定的时间内，提出设想最多的小组获胜。

二、奥斯本检核表法练习

　　利用奥斯本检核表法，构思出智能手机的创新思路，并填入表 2-3。

表 2-3　智能手机的创新思路

序号	检核类别	引出的发明
1	能否他用	
2	能否借用	
3	能否扩大	
4	能否缩小	
5	能否改变	
6	能否代用	

（续表）

序号	检核类别	引出的发明
7	能否调整	
8	能否颠倒	
9	能否组合	

三、"5W2H"分析法练习

阅读下列材料，然后根据要求完成题目。

中国的快餐业起步较晚，自 1987 年美国肯德基快餐连锁店在中国落地，现代快餐的概念才被引入中国。在起初的几年里，中国快餐业呈现出传统快餐与现代快餐、中式快餐与西式快餐竞争与并存的局面。目前，中国快餐业在支持性设施、辅助物品、服务等方面仍有较大的提升空间。

请用"5W2H"分析法对中国快餐行业进行分析，并对快餐行业的发展提出合理的建议。

四、组合创造法练习

（1）请将以下不同领域的物品和概念进行组合，使其成为有意义、有价值的新物品。

卧室　　　　　　　　　自动化

床　　　　　　　　　　运送装置

睡觉的地方　　　　　　移动

窗帘　　　　　　　　　加热器

位于浴室附近　　　　　不同颜色

让人有安全感　　　　　自动门锁

（2）下列各组产品都是由两个或两个以上的物品组合而成，请大家分析它们分别运用了哪种组合创造法。

① 牙膏+中草药——药物牙膏

② 手枪+消音器——无声手枪

③ 毛毯+电阻丝——电热毯

④ 台秤+电子计算机——电子秤

⑤ 飞机+飞机库+军舰——航空母舰

⑥ 收音机+盒式录音机+激光唱片——组合音响

⑦ 洗衣机+脱水机+干燥机——全自动多功能洗衣机

⑧ 自行车+电机+蓄电池——电动自行车

⑨ 照相机+相片——一次成像照相机（拍立得）

五、分析列举法练习

现在有一把旧的长柄弯把雨伞，请你运用缺点列举法，对其提出至少四种改进方案。旧雨伞的缺点如下：

（1）伞柄太长，不便于携带。

（2）把手太大，在拥挤的地方会钩住别人的口袋。

（3）撑开和收拢不方便。

（4）伞尖容易伤人。

（5）伞太重，手臂长时间打伞容易酸痛。

（6）伞面会遮挡视线，容易发生事故。

（7）伞面淋湿后，不易放置。

（8）伞的防风能力差，刮大风时伞面会向上翻起。

（9）骑自行车时，打伞容易出事故。

项目实训——创新训练

如何利用 30 元在 2 小时内赚取更多财富？

活动目的：

开发学生的创新思维潜能，使学生认识到思维定式是束缚创新思维的枷锁。

背景资料：

某知名大学有一个科技创业计划项目，在该项目的课堂上，教授做了这样一个测试：她把学生分成 14 个小组，并为每组发放了一个带有"种子基金"的信封，里面有 30 元的启动资金。她要求每个小组利用这 30 元尽可能地赚到更多的钱，然后在周日晚上将各自的成果整理成文档发给她，并在周一早上用 3 分钟的时间在全班同学面前进行展示。当学生们打开信封时，就代表任务启动。学生们有 4 天的时间去思考如何完成任务。

大多数学生认为：要想完成这项任务，必须最大化地利用这 30 元。他们当中比较普遍的方案是先用这 30 元去购买材料，然后帮别人跑腿或者摆个果汁摊。这些方案确实不错，赚点小钱是没问题的。但有三个小组打破常规，想到了更好的办法。他们认真地构思了多种创意方案，创造出了惊人的财富。他们是如何做到的呢？

第一个小组看到了某些热门餐馆在周六晚上总是排长队，由此发现了一个商机：他们向餐馆提前预订座位，然后在周六排队等位的时候将每个座位以最高 100 元的价格出售给那些不想等待的顾客。同时，他们还发现了一个有趣的现象：小组中的女同学卖出的座位要比男同学卖出的多。他们认为这可能是由于女性更具有亲和力，因此又调整了方案，让男同学负责联系餐馆预订座位，女同学负责销售这些座位的使用权。果然，他们的销量非常好，最终获得了一笔不菲的收入。

第二个小组在学生会旁边摆了一个小摊，为路过的同学测量自行车轮胎气压。如果轮胎气压压力不足，可以花费 2 元在他们的摊点充气。事实证明：这个方案虽然很简单，但可行性较高。虽然同学们可以去附近的加油站免费充气，但大部分人都乐于享受他们所提供的服务。此外，为了获得更多收益，这个小组在摆摊 1 个小时之后，调整了他们的赚钱方式——不再对充气服务收费，而是在充气之后请求同学们支持他们的项目，并为项目进行捐款。就这样，他们的收入骤然增加了！和第一个小组一样，这个小组也是在方案实施的过程中观察客户的反应和需求，然后对方案进行优化，从而大幅提升了收入。

第三个小组认为他们最宝贵的资源并不是 30 元的启动资金，而是他们周一课堂上的 3 分钟展示。他们意识到：把眼光局限于这 30 元会减少很多可能性。于是他们将眼光投放到这 30 元之外，构思了各种"白手起家"的方案。要知道，该大学可是名校，许多公司都想在这儿招聘人才。于是，他们把这 3 分钟展示时间卖给了一家想在这里招聘的公司，让他们在课堂上播放招聘广告。就这样，这个小组轻松利用 3 分钟赚取了 3 900 元的利润，使得 30 元的平均回报率最高。无疑，这个小组是挣钱最多的队伍，而且他们压根没有用教授给的启动资金。

训练：

（1）结合案例，谈谈你对创新意识的理解。

（2）如果你拥有 3 000 元的创业资金，你会如何利用它赚更多的钱？请大家结合上述案例，开启自己的实践活动之旅。

项目三
保护创新发明与创新成果

💡 **自我思考**

某知名企业家曾说："不创新，就灭亡。"创新是社会发展的不竭动力，也是创业者创业成功的核心。而发明作为实现创新的主要手段，其重要程度不言而喻。创业者如果能合理利用某些发明，实现企业的创新，那么，不仅能提高企业在市场上的竞争力，还能实现企业的长久发展。

请同学们想一想：在日常生活中，有哪些发明对你的生活或学习产生了巨大的影响？有哪些企业是利用创新提高了自身的市场竞争力？创新发明者该如何保护自己的创新成果？

🎓 **学习目标**

知识目标：
- ○ 了解发明的概念和特点，熟悉发明的类型和发明的过程。
- ○ 了解创新成果的概念和特征，掌握著作权、专利权、商标权取得的途径和方法。

能力目标：
- ○ 能够结合发明的相关知识进行创新发明思考。
- ○ 能够运用相关法律知识保护自己的创新成果。

素质目标：
- ○ 树立发明的意识，主动在学习和生活中进行创新发明思考。
- ○ 树立尊重和保护创新成果的意识。

项目导入
XIANGMU DAORU

大学生为维权走上创新创业之路

2013 年，18 岁的唐某考入西安交通大学。入学不久，他便觉得这所偏重理工科的名牌院校缺了点"人文气氛"。于是，他和几个谈得来的校友创办了"微品交大"微信公众号，推送有关西安交通大学校史、建筑、校友等内容的文章和视频。很快，"微品交大"就成了全校师生乃至其他高校热议的话题。

但是，2014 年初冬发生的一件事，让唐某和小伙伴们很是气愤。唐某说："当时我们组织了摄影师拍摄学校的雪景，还请人为学校的雪景写了一首诗，发布在'微品交大'公众号上。"未曾想到的是，仅短短几个小时，他们的作品就被另一所高校的公众号抄袭了。愤怒的唐某和小伙伴们立刻找到对方并就抄袭问题质问对方，可对方并不承认。无奈之下，同学们又向公众号平台投诉，结果却被平台告知要提供确凿的证据。

作品被剽窃，却因拿不出确凿的证据而束手无策。如何保护自己作品的版权成了唐某的一个心结。那时，版权登记大多依靠人工。在版权局登记一个作品的费用为 400 元左右，完成登记的周期约为一个月，这对于在校大学生来说是无法承受的。同时，他觉得互联网时代的版权侵权问题最终还是要通过互联网技术去解决。于是，唐某便想到了通过"互联网+版权"的模式来解决传统版权行业存在的问题。

唐某的想法得到了陕西省版权局的支持。2016 年 4 月，唐某顺利拿到了 100 万元的投资款。一番"招兵买马"后，唐某的"互联网+版权"公司应运而生。2016 年 8 月，在线版权登记网站"纸贵"正式上线，在这一平台上，版权所有方只需在线提交自己的创作证明、权属证明文件和样本，即可免费获得由"纸贵"平台利用区块链等技术对作品进行验证、确权后生成的数字版权证。此外，申请人还可以在此网站上选择由陕西省版权局提供的有官方存证的登记服务。

如今，"纸贵"已成为一家为用户提供包括版权登记、侵权监测、法律咨询、快速维权、IP 孵化等在内的一站式互联网版权服务平台。

资料来源：http://xian.qq.com/a/20180226/018096.htm，有改动

任务一　开展创新发明

名人语录

敏于观察，勤于思考，善于综合，勇于创新。

——宋叔和

好动与不满足是进步的第一必需品。

——爱迪生

？ 问题导入

回望人类历史，从石器时代到蒸汽时代，从电气时代再到互联网时代，人类的每一次进步都离不开创新发明。在进行下面的学习之前，请同学们思考以下问题。

（1）什么是发明？
（2）发明通常要经历哪些过程？

知识链接

一、发明概述

（一）发明的概念

发明是应用自然规律解决技术领域中的特有问题而提出的创新性方案，以及为实现这一技术方案所应用的措施和最终成果。这里所说的自然规律是指自然界中存在的物理、化学、经济、政治等领域的原理或者定律。

（二）发明的特点

发明具有以下几个特点：

（1）发明必须包含技术创新或模式创新。与现有技术或模式相比，发明必须具有实质性的显著进步，而不是对前人成果的重复。当然，利用和借鉴前人成果，在他人现有成果的基础之上做出改进，也是一种发明。

（2）发明必须是一种技术方案或基础方案。为了解决特定的技术难题或社会问题，发明必须是一种方案，唯有如此，人们才能按照方案进行产品制造、技术创新、模式复制等。

（3）发明必须利用自然规律。发明是一种技术方案，而技术则是在利用自然规律的基础上发展起来的各种工艺操作方法和生产技能。从这个意义上说，发明要求的技术是利用自然规律的结果。因此，没有利用自然规律的方案不能称之为发明。

📖 案例阅读

用实际行动保卫绿水青山——20 岁大学生发明太阳能净水器

2020 年是"绿水青山就是金山银山"理念提出的 15 周年。在全国上下大力推进生态文明建设之际，浙江金融职业学院大二学生胡文帅发明了一款以太阳能为动力的生态循环净水系统。

胡文帅出身于工程师家庭，他从小就有一个科技发明的梦想。在读高中时，他就对水污染治理非常感兴趣，还查阅了很多相关资料，但受限于繁重的课业压力，他只能将这个问题留到大学再研究。

考入浙江金融职业学院后，他与学院同学组建了研究团队，针对市面上传统净水产品存在的造价高、安装麻烦、维修不易、净水方式单一等问题，计划着手研发一款依靠太阳能供电的设备。

然而，通往成功的道路并不是一帆风顺的。面对失败，他不得不与团队成员一稿又一稿地修改设计方案，一次又一次地深入工厂，记录数据。终于，他们成功研制出了一款集净水、美观于一体的净水系统。这个系统由四个净水处理系统集合而成，主系统与水生植物净化系统、水生动物净化系统、微生物填料净化系统相互补充，共同构建出了一个生态微循环，从而能够更高效、更便捷地净化水源。

目前，该设备已经在杭州市多处水域投放使用，净水成效显著。此外，该项目还获得了浙江省第十六届挑战杯一等奖、浙江省职业院校挑战杯特等奖等荣誉。

资料来源：http://zj.people.com.cn/n2/2020/0820/c186327-34240404.html，有改动

二、发明的类型

（一）专利发明和非专利发明

根据发明的目的和结果，可以将发明分为专利发明和非专利发明。

（1）专利发明是指以获得专利为目的，并且最终确实获得了相应专利的发明创造。

（2）非专利发明是指不以获得专利为目的，并且最终也未获得专利的发明。

这几个小发明，你见过几个？

（二）物品发明和方法发明

根据存在形式的不同，可以将发明分为物品发明和方法发明。

（1）物品发明是指以有形的物品形式存在的发明，包括材料类物品发明，如塑料、玻璃；器具类物品发明，如弓箭、蒸汽机；等等。

（2）方法发明是指以无形的现象或过程形式存在的发明，包括工艺性方法发明，如塑料制造工艺、酿酒工艺；非工艺性方法发明，如疾病的诊断和治疗方法；等等。

（三）简单发明和复杂发明

根据难易程度的不同，可以将发明分为简单发明和复杂发明。

（1）简单发明是指结构简单、容易实现的发明。发明者的个人杰作多为简单发明。

（2）复杂发明是指结构复杂、难以实现的发明。众多发明者智慧的共同结晶多为复杂发明。从某种程度上讲，复杂发明也是多个简单发明的组合，如电视机就是电阻器、电感器、显像管等简单发明的组合。

（四）独立发明和协作发明

根据完成发明人数的不同，可以将发明分为独立发明和协作发明。

（1）独立发明是指在整个发明过程中，发明者从始至终未与其他人发生任何形式的合作，独自完成的发明。

（2）协作发明是指在发明过程中，发明者与其他人通过不同形式的协作共同完成的发明。

获 35 项国家专利的
四口发明之家

（五）创建型发明和完善型发明

根据创造性程度的不同，可以将发明分为创建型发明和完善型发明。

（1）创建型发明是指那些新的、前所未有的发明。这些发明一般仅有基本的雏形结构，处于最初始的发展阶段，如贝尔发明的电话、巴贝奇发明的计算机等。

（2）完善型发明是指在原有发明的基础上，通过局部结构的改善和功能的丰富而形成的发明。例如，笔记本电脑就是在台式电脑的基础上发明的。

（六）生活资料发明和生产资料发明

根据用途的不同，可以将发明分为生活资料发明和生产资料发明。

（1）生活资料发明是指作为生活资料应用于人们生活中，以满足人们日常需求的发明，如手机、运动鞋、沙发、茶几、自行车、电视机等。

（2）生产资料发明是指作为生产资料应用于社会生产领域，以服务于社会生产活动的发明，如收割机、播种机、织布机、挖掘机、起重机、车床等。

（七）自然科学发明和社会科学发明

根据所依据自然规律的不同，可以将发明分为自然科学发明和社会科学发明。

（1）自然科学发明是指通过对具体科学规律的能动利用而产生的发明。例如，人们通过对力学原理的利用，发明了杠杆、滑轮等。

（2）社会科学发明是指通过对具体社会规律的能动利用而产生的发明，如股份制度的创建、货币制度的创建、中国古代郡县制的创建、英国君主立宪制的创建等。

三、发明的过程

尽管不同专业领域发明活动的内容及所采用的方法有很大的差别，但其发明过程基本一致，一般都需经过以下几个阶段。

（1）发现问题，选择方向。在使用某一产品或方法的过程中，如果发现该产品或方法存在某些问题，且通过调研，确定目前还没有针对这一问题的改良方案，那么可以将其作为发明的方向。

（2）分析问题，提出初步解决方案。首先，应根据选定的发明方向，确定问题产生的原因。然后，利用掌握的知识和相应的工具、设备等，对问题进行分析，提出初步的解决方案。

（3）优化方案。初步的解决方案难免会存在一些不足，因此，需要进行进一步验证和优化。

（4）发明实施。发明实施是指发明由构思转化为产品并进行应用的过程。

任务训练

体验小发明

活动目的：

培养学生的发明意识，使学生体验发明的乐趣。

活动内容：

请同学们大胆想象，自备原料完成一件小发明，如手工艺品、模型、科技小制作等。该作品要具有新颖性、科学性、创造性和实用性。

活动检测：

活动结束后，教师可根据表 3-1 进行评分。

表 3-1 活动评价表

评分标准	满分	实际得分	备注
作品的构思、设计、制作和成果符合科学原理	25		
作品为原创，或在原有产品的基础上有较大的创新和改进	25		
作品贴近生活，能解决实际问题，有可预见的经济效益和社会效益	25		
作品使用环保材料，能够体现创作者的环保意识	25		
总　分	100		

任务二　掌握创新成果的转化与保护

名人语录

致富的秘诀，在于"大胆创新，眼光独到"八个大字。

——陈玉书

问题导入

有了创意、创新想法后，接下来就要考虑如何实现这些想法，即将这些想法转化为创新成果。之后，创造者需要考虑运用法律武器对自己的创新成果加以保护。在进行下面的学习之前，请同学们思考以下问题。

（1）保护创新成果的途径有哪些？

（2）假设你发明了一个新产品，你应如何做才能保护其不被他人窃取？

🔗 知识链接

一、创新成果的概念

创新成果是指为了达到一定的目的，在遵循事物发展规律的基础上，对事物整体或其中的某些部分进行变革或更新而得到的活动成果。简单地说，创新成果就是创新活动的结果。我们这里谈论的创新成果，主要是指推向市场取得商业成效的新成果。

二、创新成果的特征

创新成果有别于一般的实践成果，其自身的独特性主要表现在以下几点：

（1）目的性。创新成果是一种有特定目的的生产实践成果。例如，发明电话是为了方便人们通信，发明轮椅是为了方便腿脚不便的人行走，等等。目的性贯穿创新过程的始终。

（2）新颖性。其包含两种含义：一是指创新成果是具有创造性的，之前没有过类似的东西；二是指虽然已有类似的东西，但通过创新使其在某些方面有了新的突破。新颖性是创新成果最鲜明、最根本的特征。

（3）时效性。求新是创新活动的内在要求，当创新成果运用一段时间后，它必将被更新的成果所替代，这就使创新成果始终处于更替状态，每一次的创新成果都不是最终结果。

（4）价值性。创新活动具有很大的价值。创新实践的成果一般都会满足某些主体的某些需要，其满足主体需要的程度越大，价值也就越大。而一些有社会价值的创新成果，则会推动社会的进步和人类的发展。

三、大学生创新成果

（一）大学生创新成果的分类

我国大学共有 12 个学科门类，包括哲学、经济学、法学、教育学、文学、历史学、理学、工学、农学、医学、管理学、艺术学。其中，哲学、经济学、法学、教育学、文学、历史学、管理学、艺术学的大学生的创新成果较多体现为无形的精神成果，如提出一种新的理论、新的方法、新的制度、新的方案等；理学、工学、农学、医学的大学生的创新成果主要体现为有形的物质成果，如发明一项新技术、制造一种新产品等。

大学生科技创新成果展

（二）大学生创新成果的特点

有研究表明，当前大学生有创新的兴趣，但持久性较差；有灵感，但缺少技能；思维敏捷，但缺少系统的创新思维方式；有创新思维潜质，但并未完全被激活……囿于这些特点，当前我国大学生的创新成果主要是微创新，如改进产品、应用信息化手段优化工艺、改变产品包装形式等。

综合来说，微创新具有以下几个特点。

（1）技术难度不大，但通过采用新的商业模式，能取得非常好的市场效果。

（2）大部分人都可以参与。由于微创新要求不高、难度不大，因此，大部分人都可以参与微创新。

（3）竞争压力相对较小。多数情况下，在刚开始时，微创新不会被市场所关注，因此，创新者起步时也就不会被"围追堵截"。

四、创新成果的保护

创新成果是发明创造者经过很长时间的艰苦努力，甚至在花费了大量的人力、物力、财力后，才能取得的成果，是发明创造者劳动和智慧的结晶。为了使创新成果得到有效的保护，同时也为了保护发明创造者的创新积极性，国家制定了有关知识产权（即创新成果）保护的法律法规。

所谓知识产权，是指人们的智力劳动成果可依法享有的专有权利，通常是国家赋予创造者对其智力成果在一定时期内享有的专有权或独占权。知识产权是权利人依法就下列客体享有的专有的权利：（一）作品；（二）发明、实用新型、外观设计；（三）商标；（四）地理标志；（五）商业秘密；（六）集成电路布图设计；（七）植物新品种；（八）法律规定的其他客体。本章节主要对著作权、专利权和商标权进行介绍。

> **砥节砺行**
>
> 党的十八大以来，在以习近平同志为核心的党中央坚强领导下，我国知识产权事业发展取得显著成效，知识产权法规制度体系逐步完善，知识产权保护效果、运用效益和国际影响力显著提升，全社会尊重和保护知识产权意识大幅提高。目前，我国保护知识产权的法律法规主要有《中华人民共和国著作权法》及其实施条例，《中华人民共和国专利法》及其实施细则，《中华人民共和国商标法》及其实施条例。

（一）著作权

著作权又称"版权"，是指作者对其创作的文学、艺术和科学作品依法享有的权利。著作权包括发表权、署名权、修改权、保护作品完整权、复制权、发行权、出租权、展览权、表演权、放映权、广播权、信息网络传播权、摄制权、改编权、翻译权、汇编权及应当由著作权人享有的其他权利。

📖 **知识拓展**

《中华人民共和国著作权法》保护的作品

根据《中华人民共和国著作权法》第 3 条规定，本法所称的作品，是指文学、艺术和科学领域内具有独创性并能以一定形式表现的智力成果，包括：① 文字作品；② 口述作品；③ 音乐、戏剧、曲艺、舞蹈、杂技艺术作品；④ 美术、建筑作品；⑤ 摄影作品；⑥ 视听作品；⑦ 工程设计图、产品设计图、地图、示意图等图形作品和模型作品；⑧ 计算机软件；⑨ 符合作品特征的其他智力成果。

著作权的取得主要分为自动取得和注册取得两大类。
（1）自动取得，是指著作权自作品创作完成时自动产生，不需要履行任何批准或登记手续。
（2）注册取得，是指作品只有登记注册或经批准后才能取得著作权。

在我国，著作权是自作品创作完成之日起自动产生的，无须经过任何批准或登记手续。此外，无论作品是否发表，在其被创作完成的那一刻就能享有著作权保护。

📖 **案例阅读**

19 岁大学生成"网红"作家，每月收入过万元

樊艳森是福州一家网络文学公司的签约作家，也是"安卓读书""畅读书城"等读书软件的人气作者。他的作品以玄幻、都市小说为主，其代表作有《极品高手》《八荒龙脉》《万古龙帝》《百炼成帝》《神鼎天尊》等。其中，《极品高手》在网上的阅读量超过了 200 万人次。

樊艳森出生于河南安阳。他的父母非常重视他和妹妹的学习，在家里专门收拾出一间屋子给他们做书房。从 4 岁开始，樊艳森的母亲就教他读书、识字。小学时，他开始看《水浒传》《西游记》等连环画。初中时，他开始接触《三国演义》《红楼梦》等四大名著的文字版。进入高中后，他便沉迷于小说创作，为了寻找素材，他把每个月的零花钱都用来买小说、期刊、报纸、杂志。

"每个男孩心中都有一个武侠梦，高二时我开始尝试写武侠、玄幻小说。那时候，白天上课，晚上抽空写小说，但一点都不觉得累。"樊艳森笑着说。

刚开始写小说时，家里很反对，樊艳森却一直坚持。为了创造写作条件，他曾经租了一间用卫生间改造的小房子。"一个月房租 30 多块钱，空间特别小，环境很差。"樊艳森回忆，那段时间他一边积极创作，一边不断向各大网站投稿。

终于，他的第一部小说《八荒龙脉》在写到一半时，被一家小说网站的编辑看中。一个月后，他拿到了自己的第一笔稿费 500 元。而这部小说也不负众望，取得了付费点击量 30 万人次的好成绩。

进入大学后，樊艳森有了更多的时间来创作，每月稿费收入过万元。白天，他和同学一起正常上课，晚上在寝室创作，保证每天 6 000 字的写作量。

樊艳森坦言，相比传统文学，网络小说目前鱼龙混杂，作品质量参差不齐。为保证作品质量，他大量阅读中外名著、观看影视作品等，给自己"充电"。

作为网上的人气作者，樊艳森每月收入过万元。"我每月的稿费留一部分作为生活费，寄一部分给妹妹，剩下的全部给妈妈。"母亲待业在家，父亲身患残疾，妹妹在读高中，樊艳森已经成为家里的顶梁柱。

樊艳森说，他希望自己成为一名优秀的作家，写出更多充满正能量的作品。

资料来源：http://news.cnhubei.com/xw/hb/xy/201512/t3494897.shtml，有改动

（二）专利权

专利权是指政府有关部门向发明人授予的在一定期限内生产、销售或以其他方式使用其发明创造的独占权或专有权。《中华人民共和国专利法》第 2 条规定："本法所称的发明创造是指发明、实用新型和外观设计。发明，是指对产品、方法或者其改进所提出的新的技术方案。实用新型，是指对产品的形状、构造或者其结合所提出的适于实用的新的技术方案。外观设计，是指对产品的整体或者局部的形状、图案或者其结合以及色彩与形状、图案的结合所作出的富有美感并适合工业应用的新设计。"

1. 专利权的特征

（1）排他性，也称"独占性""专有性"。专利权所有人对其拥有的专利权享有独占或排他的权利，未经其许可或者出现法律规定的特殊情况，任何人不得使用，否则即构成侵权。

（2）时间性，指法律对专利权的保护不是无期限的，而是有时间限制的，超过这一时间限制则不再予以保护，专利随即成为人类的共同财富，可被任何人使用。

（3）地域性，指任何一项专利权只在特定的地域内受到法律保护。该地域通常是一个国家或多个国家。

2. 专利申请的原则

为了更好地保护发明创造，发明创造者必须及时向有关部门申请专利。申请专利应遵循以下原则。

（1）形式法定原则。申请专利的各种手续，都应当以书面形式或国家知识产权局规定的其他形式办理。以口头、电话等非书面形式办理的各种手续均视为未提出，不产生法律效力。

（2）单一性原则。一件发明或者实用新型专利申请应当限于一项发明或者实用新型，属于一个总的发明构思的两项以上的发明或者实用新型，可以作为一件申请提出；一件外观设计专利申请应当限于一项外观设计，同一产品两项以上的相似外观设计，或者用于同一类别并且成套出售或者使用的产品的两项以上外观设计，可以作为一件申请提出。

（3）先申请原则。两个以上的申请人分别就同样的发明创造申请专利的，专利权授予最先申请的人。

3. 专利申请的流程

专利申请的流程包括提交申请、受理、初步审查、公布、实质审查及授权六个阶段。其中，实用新型和外观设计的专利申请不进行公布和实质审查阶段。

（1）提交申请。申请人向国务院专利行政部门提出专利申请，并提交相关文件。提交的文件必须采用书面形式，并按照规定的格式填写。申请发明或实用新型专利的，应当提交请求书、说明书及其摘要、权利要求书等文件；申请外观设计专利的，应

专利申请的流程

当提交请求书、该外观设计的图片或照片，以及对该外观设计的简要说明等文件。

（2）受理。国务院专利行政部门收到专利申请后进行查看，对符合受理条件的专利申请，国务院专利行政部门将确定该专利的专利申请日，并发放申请号和受理通知书，然后通知申请人缴纳申请费。对不符合受理条件的专利申请，则不予受理。

（3）初步审查。按照规定缴纳完申请费的专利申请自动进入初审阶段。在初审阶段，专利行政部门要对申请是否存在明显缺陷进行审查。对审查合格的，将发放初审合格通知书。

（4）公布。专利申请从获得初审合格通知书起进入公布阶段。公布以后，该专利申请就获得了临时保护。

（5）实质审查。在实质审查阶段，国务院专利行政部门将对专利申请是否具有新颖性、创造性、实用性及法律规定的其他实质性条件进行全面审查。

（6）授权。经实质审查未发现驳回理由的，由国务院专利行政部门作出授予专利权的决定，并发放专利证书，同时予以登记和公告。专利权自公告之日起生效。

📖 案例阅读

大学生设计"多功能勺子"获国家专利

陈飞飞是一位善于观察生活、发现问题，并且喜欢想方设法去解决问题的学生。目前，他一共发明了三个物品，且都获得了外观设计专利。

陈飞飞发明的第一个物品是体育热身训练用的压腿装置。喜欢健身的他在户外锻炼时，发现人们常把腿放在石椅上进行拉伸，很不方便，而且高度固定的压腿装置无法满足不同身高的人使用。于是，他就想发明一种方便压腿的装置，为人们拉伸腿部提供便利。他发明的压腿装置有多个压腿支撑装置，而且可以根据每个人的身高调节高度，很好地解决了压腿装置使用时数量不够、闲置时占用较多空间、固定高度不适合所有人使用等问题。这项发明在 2021 年初获得了国家实用新型专利证书。

陈飞飞发明的第二个物品是多功能勺子（见图 3-1）。吃饭对于每个人而言都非常重要，提到吃饭，肯定就离不开勺子、筷子这些餐具。陈飞飞吃饭时，喜欢自己带筷子和勺子，但既拿筷子又拿勺子很不方便。于是他突发奇想，将勺子和筷子组合在一起——筷子插入勺子的柄上，使用时取出即可。他的这项发明也获得了国家外观设计专利证书。

陈飞飞发明的第三个物品是勺子夹紧装置。"勺子是一种常用餐具。随着生活水平的提升，勺子的样式也日益丰富。在生产过程中，通常需要对勺子进行加工处理，以提高成品质量。"陈飞飞介绍，现有的勺子夹紧装置对不同形状的勺子夹紧时较为不便，夹具的适用性较差。而他的这项发明可以针对不同形状的勺子采用不同的夹紧部件，有效提高了夹具的适用性。他的这项发明也获得了国家实用新型专利证书（见图 3-2）。

陈飞飞的这些专利引起了部分公司的关注，武汉一家公司主动资助他完成专利申报并称愿意进行后期专利推广对接，帮助其实现专利产品化。陈飞飞说道："创新是引领发展的第一动力，学校和老师们的支持让我更加有信心和力量将'点子'变成现实，我也将继续发扬创新精神，完成更多的发明梦想！"

图 3-1　多功能勺子

图 3-2　专利证书

资料来源：https://www.sohu.com/a/492648618_121119259，有改动

（三）商标权

商标是用以区别商品和服务来源的商业性标志，由文字、图形、字母、数字、三维标志、颜色组合、声音或者上述要素的组合构成。

商标权是指商标所有人依法对其商标享有的受国家法律保护的专有权。商标所有人拥有依法支配其商标并禁止他人侵害的权利，包括商标所有人对其商标享有的排他使用权、收益权、处分权、续展权和禁止他人侵害的权利。

知识拓展

不得作为商标使用与注册的标志

《中华人民共和国商标法》第 10 条规定，下列标志不得作为商标使用：

（1）同中华人民共和国的国家名称、国旗、国徽、国歌、军旗、军徽、军歌、勋章等相同或者近似的，以及同中央国家机关的名称、标志、所在地特定地点的名称或者标志性建筑物的名称、图形相同的。

（2）同外国的国家名称、国旗、国徽、军旗等相同或者近似的，但经该国政府同意的除外。

（3）同政府间国际组织的名称、旗帜、徽记等相同或者近似的，但经该组织同意或者不易误导公众的除外。

（4）与表明实施控制、予以保证的官方标志、检验印记相同或者近似的，但经授权的除外。

（5）同"红十字""红新月"的名称、标志相同或者近似的。

（6）带有民族歧视性的。

（7）带有欺骗性，容易使公众对商品的质量等特点或者产地产生误认的。

（8）有害于社会主义道德风尚或者有其他不良影响的。

县级以上行政区划的地名或者公众知晓的外国地名，不得作为商标。但是，地名具有其他含义或者作为集体商标、证明商标组成部分的除外；已经注册的使用地名的商标继续有效。

《中华人民共和国商标法》第 11 条规定，下列标志不得作为商标注册：

（1）仅有本商品的通用名称、图形、型号的。

（2）仅直接表示商品的质量、主要原料、功能、用途、重量、数量及其他特点的。

（3）其他缺乏显著特征的。

前款所列标志经过使用取得显著特征，并便于识别的，可以作为商标注册。

《中华人民共和国商标法》第 12 条规定，以三维标志申请注册商标的，仅由商品自身的性质产生的形状、为获得技术效果而需有的商品形状或者使商品具有实质性价值的形状，不得注册。

要取得商标专用权，商标持有人需依照有关法律法规进行商标注册。商标注册的一般流程如下。

（1）选择注册方式。商标所有人可以自行通过国家知识产权局商标局的网上服务系统在线提交商标注册申请，也可以到国家知识产权局商标局委托地方市场监管部门或知识产权部门设立的商标受理窗口办理。

如何申请商标专用权？

（2）准备资料。办理商标注册申请，应当提交下列文件：① 商标注册申请书一份。申请人为法人或其他组织的，应当在申请书的指定位置加盖公章；申请人为自然人的，应当由申请人使用钢笔或签字笔在指定位置签字确认。② 申请人身份证明文件及其复印件。③ 商标图样。④ 要求优先权的，应当提交书面声明，并同时提交或在申请之日起三个月内提交优先权证明文件。

知识拓展

商标图样的有关规定

（1）每一件商标注册申请应当提交 1 份商标图样。以颜色组合或者着色图样申请商标注册的，应当提交着色图样；不指定颜色的，应当提交黑白图样。

（2）商标图样必须清晰，便于粘贴，用光洁耐用的纸张印制或者用照片代替，长和宽应当不大于 10 厘米，不小于 5 厘米。商标图样应粘贴在《商标注册申请书》的指定位置。

（3）以三维标志申请商标注册的，应当在申请书中予以声明，并应在《商标注册申请书》"商标说明"栏中说明商标的使用方式。申请人应当提交能够确定三维形状的图样，该商标图样应至少包含三面视图。

（4）以颜色组合申请商标注册的，应当在申请书中予以声明，并在《商标注册申请书》"商标说明"栏中用文字加以说明，说明色标和商标的使用方式。

（5）以声音标志申请商标注册的，应当在申请书中予以声明，并在商标图样框里对声音商标进行描述，同时报送符合要求的声音样本。

① 声音商标的描述。应当以五线谱或者简谱对申请用作商标的声音加以描述并附加文字说明；无法以五线谱或者简谱描述的，应当使用文字进行描述。

② 声音样本的要求。通过纸质方式提交声音商标注册申请的，声音样本的音频文件应当储存在只读光盘中，且该光盘内应当只有一个音频文件。通过数据电文方式提交声音商标注册申请的，应按照要求正确上传声音样本。

（3）提出申请。《商标注册用商品和服务国际分类》将商品和服务分成 45 个大类，其中，商品为 1～34 类，服务为 35～45 类。申请注册时，申请人应按商品与服务分类表的分类确定使用商标的商品或服务的类别。同一申请人在不同类别的商品上使用同一商标的，应分别按不同类别提出注册申请。

（4）初步审定。对申请注册的商标，商标局自收到商标注册申请文件之日起9个月内审查完毕。对于符合商标注册有关规定的商标，予以初步审定公告。

知识拓展

商标注册采用申请在先原则，这意味着一旦发生有关商标权的纠纷，申请日靠前的商标将受到法律保护。所以，确定申请日十分重要。申请日以商标局收到申请书的日期为准。

（5）领取商标注册证。对初步审定公告的商标，自公告之日起3个月内无人提出异议的，予以核准注册，发给商标注册证，并进行公告。

案例阅读

大学生商标风波：1 800元注册的商标以20万元转让

某天，郝亚婷突然收到了商标管理部门的来函。函中告知，有企业反映，她六年前申请的禽蛋类商标"土而奇"一直处于闲置状态，按照商标法的相关规定，应予收回。

接到通知的郝亚婷很是不解。"'土而奇'是我为自家鸡蛋申请的商标，一直在用，怎么就要收回呢？"按照公函上的说法，她需要在三个月内准备好自诉材料，否则商标就要被收回。通过相关部门，郝亚婷了解了具体情况。

郝亚婷曾花费1 800元向工商管理部门申请了"土而奇"商标，商标使用类别是食品大类下的禽蛋类。在郝亚婷申请商标后，四川一家大型农产品企业与她"想到了一起"，也把"土而奇"用作自家商标，并向有关部门备案。由于郝亚婷注册在先，所以这家公司没有拿到"土而奇"在禽蛋类中的商标使用权。"但是他们的产品类别很多，除禽蛋类以外的其他食品类别都用这个商标进行了注册。"郝亚婷说。

在这之前，郝亚婷已经为这个"热门"商标做了不小的投入。她印制了大量的包装盒，还以"土而奇"的名义向电视台投放了广告。郝亚婷说，她不愿意轻易放弃这个已经使用了6年的商标。除了准备自诉材料外，她还要"反将一军"。通过网络，郝亚婷找到了该公司的产品。在这些产品的包装盒上，无一例外地印有"土而奇"字样，其中就包括禽蛋类制品。"禽蛋类的商标使用权在我这里，他们这是侵权。"郝亚婷一下子看到了反诉的希望，决定杀个"回马枪"。

之后，她向四川当地的工商部门提交了举报材料，指出这家公司涉嫌违规使用商标。不久，这家四川农产品企业便通过工商部门传达了谈判意愿，称愿意收购郝亚婷手中的商标。经过多轮协商，禽蛋类的"土而奇"商标最终以20万元的价格转让。

"注册商标是自己用的，现在卖掉也不是为了钱，自己应享有的权利就要去维护。"郝亚婷说。

资料来源：http://www.wljyyjy.com/XiaoXueZiXun/13385.html，有改动

任务训练

◀ 模拟专利申请

活动目的：

让学生熟悉专利申请的流程，深入理解创新成果保护的重要性。

活动内容：

（1）教师对学生进行分组，每组 3～5 人，同时选出一名组长。

（2）组长组织小组成员进行讨论，设定申请专利的情景。

（3）设定好情景后，组内成员分成两方进行角色扮演。一方扮演专利申请人，另一方扮演专利行政部门的工作人员。

（4）课上进行表演，教师对每个学生的表现进行点评。

活动检测：

活动结束后，教师可根据表 3-2 进行评分。

表 3-2　活动评价表

评分标准	满分	实际得分	备注
积极参与活动的全过程	30		
能够顺利完成所扮演的角色	30		
能够准确实施专利申请的全过程	40		
总　分	100		

项目实训——法律课堂

创业不能太盲目，遵纪守法方长久

活动目的：

使学生认识到版权保护的重要性，并学会使用法律武器维护自己的合法权益。

背景资料：

徐某是某职业院校毕业生，一直有创业雄心。一次偶然的机会，他发现网上有一套幼儿识字软件不错，于是想到一个创业的点子。徐某仿照网上的这套幼儿识字软件进行编程和修改，很快做出了自己的"作品"。他将这套"作品"放在网络上销售，没想到生意出乎意料地红火。

后来，一位客户朱老师联系到徐某，并建议徐某编写一套识字软件的配套教材。徐某觉得这个想法很好，便邀这位老师与他合作编写教材。教材很快就编写好了，徐某没有申请图书出版号，便直接找了一个印刷公司将教材印制了出来，并将其和原来的软件组成大礼盒一起销售，每套大礼盒的售价为 600 多元。

这套大礼盒很畅销，不到两年就有了 30 多万元营业额。正当徐某初尝创业成功的喜悦时，文化行政管理部门联合公安机关对徐某的办公场所进行了突击检查，查获了大量还未销售的光盘和配套书籍。随后，当地检察院以非法经营罪对徐某提起了公诉。

训练：

（1）讨论：徐某为什么会创业失败？徐某会面临什么样的后果？面对这种情况，他该怎么办？

（2）请同学们上网查找《中华人民共和国专利法》《中华人民共和国商标法》《中华人民共和国著作权法》《中华人民共和国反不正当竞争法》《中华人民共和国民法典》《中华人民共和国产品质量法》《中华人民共和国劳动法》等法律条文，然后阅读这些法律的内容，熟悉与创业活动相关的法律知识。

项目四

识别创业机会与创业风险

💬 自我思考

创业机会与创业风险总是并存的。创业者应尽可能地识别出创业机会中可能蕴含的风险，并制订相应的风险防范措施，以实现创业机会的价值最大化，从而实现创业目标。

请同学们想一想：在日常生活中，你发现过适合自己的创业机会吗？你是如何抉择的呢？你有没有把握住这个创业机会？创业者该如何识别和防范创业风险？

🎓 学习目标

知识目标：

- 了解创业机会的概念和特征，熟悉创业机会的来源和影响创业机会识别的因素，掌握创业机会的识别与评估方法。
- 熟悉创业风险的概念和来源，掌握识别、评估和防范创业风险的方法。
- 熟悉选择创业项目应遵循的基本原则，掌握创业项目的选择策略。

能力目标：

- 能够识别和把握创业机会。
- 能够有效防范创业风险。
- 能够根据自身资源的优劣选定合适的创业项目。

素质目标：

- 树立主动提升创业机会识别能力的意识。
- 树立创业风险意识，提升抗风险能力，为创业做好思想准备。

项目导入
XIANGMU DAORU

三株公司的大起大落

三株福尔制药有限公司（以下简称"三株公司"）是一个靠 30 万元起家的民营企业。创始人吴炳新和吴思伟父子研制的保健品——三株口服液，是公司的主营产品。从 1994 年到 1996 年，敢于冒险的吴家父子看准保健品未来的市场趋势，在央视等媒体上大量投放广告，使三株口服液在全国获得了超高人气。三株公司的年营业额一度达到 80 亿元，在全国各地级市共有 600 多个子公司、15 余万名销售人员，创造了中国保健品发展史上的"三株神话"。然而，超速发展的三株公司由于缺乏对各种风险的识别和应对准备，遭遇了巨大挫折。

1996 年 6 月，湖南一位患有冠心病等多种病症的 77 岁老人陈伯顺，在医生的推荐下开始服用三株口服液。同年 9 月，陈伯顺治疗无效后病故；12 月，陈伯顺的儿子到常德市中级人民法院起诉三株公司。法院做出一审判决：陈伯顺因服用了三株口服液导致死亡，判三株公司向死者家属赔偿 29.8 万元，并罚款 1 000 万元。

"一石激起千层浪"，全国媒体围绕这一突发事件对三株公司展开了轰炸性报道。一向敢于冒险、敢打硬仗的三株公司对这一意外事件，竟然束手无策。1998 年 4 月，三株口服液的销售额从月均 6 亿元下降至 600 多万元，导致 15 万人的销售队伍裁员至不到 2 万人。三株公司生产经营陷入空前困境。

然而，1999 年 3 月，湖南省高级人民法院做出二审（终审）判决：陈伯顺之死与服用三株口服液没有关系，三株口服液是有益于身体健康的合格保健品。终审判决为三株口服液讨回了公道。但对三株公司来说，赢了官司，却输了市场。三株公司和吴炳新也一度淡出了大众视野。

后来有报道称，这场官司让三株公司直接损失了 40 亿元，间接损失更是高达上百亿元。回首这段过往，吴炳新说："我登上过巅峰，也跌到过谷底，但我从来没有失败过！"

最困难的时候，不少人劝吴炳新放弃"三株"这个牌子，另起炉灶重新再来。但他认为，其他的都能放弃，唯独"三株"这个牌子不能丢。时隔多年再回首，吴炳新仍然认为自己当初的坚持是对的。

这场意外并没有完全打垮三株公司。公司管理层将这场意外命名为"常德事件"，以此警醒全体员工痛定思痛，同时开始从风险源头上认真梳理公司的管理流程。时至今日，三株公司已经发展成为集保健品、药品、化妆品研发生产和销售，医院、度假村运营，消费经济研究等于一体的集团公司，未来发展一片光明。

资料来源：http://www.dsbaike.com/article/view/id/18089.html

砥节砺行

一个企业如果不能识别风险并规避风险，总有一天会被吞噬。吴炳新坦言，重建"三株帝国"并不容易，也非一夕之功。"常德事件"之后，公司对风险的防控为三株的重生筑牢了安全屏障。可以看出，对一个企业来说，识别创业风险和识别创业机会，都很重要。

任务一　识别创业机会

名人语录

机不可失，时不再来。

——张九龄

问题导入

创业者难能可贵的地方在于，他们能发现其他人看不到的机会，并采取行动把握住创业机会，最终实现创业价值。在进行下面的学习之前，请同学们思考以下问题。

（1）如何才能更容易地识别出创业机会？

（2）面对众多的创业机会，怎样评估它们的商业价值？

（3）怎样选择最佳创业机会？

知识链接

一、创业机会的概念与特征

创业机会是指在社会经济活动过程中产生的一种带有偶然性且能被创业者识别和利用的契机。创业机会具有以下特征：

（1）普遍性。凡是有市场、有经营的地方，客观上就存在着创业机会。创业机会普遍存在于各种经营活动过程之中。

（2）偶然性。对于一个创业者来说，创业机会的发现和捕捉带有很大的不确定性，任何创业机会的产生都有"意外"性。

（3）消逝性。创业机会存在于一定的时空范围之内，随着催生创业机会的客观条件的变化，创业机会可能会转瞬即逝。

二、创业机会的来源

创业机会从何而来，众多学者有不同的看法。在众多观点中，美国凯斯西储大学谢恩教授的观点比较有代表性。谢恩教授认为，创业机会主要来源于以下四种变革：技术变革、政策和制度变革、社会和人口结构变革、产业结构变革。

（一）技术变革

技术变革可以为人们提供新的技术或手段，使其能够去做以前不可能做到的事情，或者更高效地去做以前只能低效完成的事情。例如，物联网技术、人工智能和云平台的出现为智能共享单车的诞生创造了技术条件，为致力于改变出行方式的创业者带来了创业机会。同时，技术变革也能改变企业之间的竞争模式，为创业者创办新企业带来大量机会。例如，网络电话协议技术使得传统的资本密集型的电话业务转变成一种只需要少量资金就可运营的业务，为那些资金缺乏的创业者提供了新的机会。

（二）政策和制度变革

政策和制度变革往往意味着打破禁区、消除障碍、扭转价值观念和创造新的价值，进而带来大量的创业机会。例如，环境保护和治理政策的出台，会将那些污染严重、对环境破坏大的企业的资源转移到生态文明建设领域，从而带来一些创业机会；专利保护制度的严格执行，使得那些缺乏核心技术的企业沦为加工厂或破产倒闭，并为拥有核心专利技术的人员带来了创业机会。

（三）社会和人口结构变革

社会和人口结构变革可以改变人们的偏好或创造新的需求，从而带来创业机会。例如，随着社会经济的发展和收入水平的普遍提高，人们对精神生活的追求日益强烈，从而带来精神文化生活方面的创业机会；由于现代社会的快节奏发展和工作压力的日益剧增，人们对休闲度假的需求增加，从而带来旅游活动相关的创业机会；随着人口老龄化的发展和生育政策的调整，人们对老年人健康保障用品、幼儿护理服务、亲子教育服务等方面的需求增加，从而带来相关领域的创业机会；等等。

（四）产业结构变革

产业结构是指一个国家或地区的产业组成（即资源在产业间的配置状态）、产业发展水平（即各产业所占比重）及产业间的技术经济联系（即产业间相互依存、相互作用的方式）。随着社会生产力的发展，产业结构会不断发生变革，从而催生大量的创业机会。例如，随着计算机和网络技术的飞速发展，信息产业在国民经济中所占的比重越来越大，催生了信息设备制造、信息采集与存储、信息传递与交换等各个领域的创业机会。

◤三、创业机会的识别

（一）影响创业机会识别的因素

在现实生活中，创业者发现真正的创业机会并成功地抓住它，通常会受许多因素的影响。具体而言，影响创业机会识别的因素主要有以下几种。

1. 先前经验

在特定的产业中，先前经验有助于创业者识别机会，即通常所说的"走廊原理"。走廊原理是指创业者一旦创建企业，就开始了一段旅程，在这段旅程中，通向创业机会的"走廊"将变得清晰可见。

换句话说，一个人一旦投身于某一个行业，往往比那些行业外的人更容易识别行业内的新机会。

2．认知因素

有人认为，机会识别可能是一项先天技能，创业者往往拥有这种技能（常被称为"第六感"），因而他们更容易发现创业机会。很多创业者也认同这种观点，认为自己比别人"更警觉"。这种"警觉"在很大程度上是一种习得性的技能，在某个领域拥有更多知识的人，往往对该领域内的机会更警觉，进而更容易识别相关的创业机会。例如，计算机工程师就比律师更容易识别计算机产业内的创业机会。

3．社会关系网络

个人社会关系网络的广度影响着创业机会的识别。社会关系网络较广的人比那些社会关系网络较窄的人容易得到好的机会和创意。一项针对 65 家创业企业的调查显示，半数创业者是通过社会关系得到创业机会的。一项类似的研究分析了独立创业者（独自识别创业机会的创业者）与网络型创业者（通过社会关系识别创业机会的创业者）之间的差别，结果发现，网络型创业者能比独立创业者识别出更多的创业机会。

4．创造性

创造性有助于新奇创意的产生。从某种程度上讲，机会识别是一个创造过程，是不断进行创造性思维的过程。具有创造性思维的人更容易发现创业机会。例如，在现实生活中，听过较多奇闻轶事或更具创造性的人，更容易发现蕴藏在诸多产品、服务和业务活动中的创业机会。

（二）创业机会的识别方法

创业者可以通过多种方法识别创业机会，这里主要归纳几种较为常用的方法。

1．通过系统分析发现创业机会

多数创业机会可以由创业者通过系统分析来识别。创业者可以从企业的宏观环境（政治、经济、法律、技术发展等方面）和微观环境（顾客、竞争对手、供应商等）的变化中识别创业机会。借助于市场调研，从环境变化中挖掘机会，是机会识别的一般规律。

📖 案例阅读

"饿了么"的诞生

2008 年的一个夜晚，在上海交通大学读硕士的张旭豪与同学像往常一样在宿舍里聊天，有同学觉得饿了，于是想叫点外卖吃，但是打了几个电话，却一个也打不通。"如果能够吃上一碗热腾腾的米饭，花两倍的钱我也愿意啊"。一位同学的牢骚无意间让张旭豪嗅到了商机。"外卖为什么不能在晚上送？不如我们做外卖吧。"张旭豪的一句话点燃了几位同学的创业热情，他们一起搜集了学校周边的餐馆信息并制作了宣传册在校园里发放，然后在宿舍里接听订单电话。他们收到订单后，先去餐馆取餐，然后再送给顾客。一个简单的跑腿业务成了这个团队创业的起点，随后"饿了么"的雏形便在他们手中诞生。在创业之初，"饿了么"团队的启动资金都是靠套现，以及从自己的学费和生活费里挤出来的。虽然市场里已经有资金实力更强的竞争对手，但他们通过创新的商业模式和接单系统，解决了合作商户的运营痛点，从而在众多竞争者中脱颖而出，最终迅速发展成为外卖、新零售、即时配送和餐饮供应链行业的领军企业之一。

资料来源：https://www.163.com/dy/article/H50J8F710543L1HK.html（有改动）

2. 通过问题分析和消费者建议发现创业机会

创业者往往能通过分析现存问题发现一些创业机会。创业者进行问题分析时，首先要问自己"什么才是最好的"，因为解决方法的提出是识别机会的基础。在分析过程中，创业者需要全面了解消费者的需求，以及可能用来满足这些需求的手段。

另外，很多创业机会都是由消费者识别出来的，因为他们知道自己需要什么。例如，消费者通常会提出一些诸如"如果那样的话不是更好吗"之类的非正式建议，这些建议有利于创业者发现创业机会。一个讲究实效的创业者总是渴望从消费者那里征求建议。因此，创业者应多关注还未解决的问题和消费者建议，以便从中识别创业机会。

📘 案例阅读

胡润的富豪榜

胡润，1970年出生在卢森堡，毕业于英国杜伦大学，著名杂志《胡润百富》的创刊人。1990年，胡润到中国留学，后来留在安达信会计师事务所上海分部工作，成为一名会计师。

在留学期间，胡润遇到了一件麻烦事：每次休假回到英国时，大家都会很好奇地问他"中国怎么样"。这个问题看似简单，不过还真是难以回答，关键是没有标准，偌大一个中国，该说哪些方面呢？"一个在中国留学的人，连这么简单的问题都回答不了。"每次回国，胡润都要受到这种话语的刺激。

1999年，当时正好是中华人民共和国成立50周年。胡润灵机一动，想道："我给大家介绍中国50个特别成功的人，不就可以让大家知道中华人民共和国成立50年以来的变化吗？"基于这样的想法，胡润后来推出了中国第一份财富排行榜"百富榜"。

资料来源：https://www.sohu.com/a/22391903_134594，有改动

3. 通过创新活动获得创业机会

通过创新活动获得创业机会的方法在新技术行业中最为常见。例如，创业者为了满足现有的市场需求而开展创新活动，进而在活动中获得创业机会；在满足现有的市场需求后，创业者积极探索新技术及其商业价值，在探索过程中也可能发现新的创业机会。通过创造获得创业机会的方法比其他方法的难度都大，风险也更高，但一旦创业成功，其所带来的回报也更大。

◆ 四、创业机会评估

对创业者来说，成功获取创业机会的关键在于从众多机会中找出真正有价值的创业机会，并采取快速行动来把握机会。下面就来介绍常用的几种评价创业机会价值潜力的方法。

一般而言，创业机会可以从产品、技术、市场与效益等方面进行评估，且常用的评估方法有定性评价法和定量评价法。

（一）定性评价法

定性评价法是指不进行数学分析，而根据评价对象平时的表现、状态或通过观察和分析文献资料，直接对评价对象做出定性结论的价值判断方法。定性评价法强调观察、分析、比较、归纳与描述。

1. 蒂蒙斯的创业机会评价模型

拥有"创业教育之父"称号的蒂蒙斯总结出一个包含 8 类指标的创业机会评价模型，如表 4-1 所示。该模型涉及行业与市场、经济因素、收获条件、竞争优势、管理团队、创业家的个人标准、理想与现实的战略性差异、致命缺陷等 8 个方面的 53 项指标。一些风险投资商、政府基金、创业大赛常借用该模型对创业项目进行评价。

表 4-1　蒂蒙斯创业机会评价模型

评价要素	评价指标
行业与市场	市场容易识别，可以带来持续收入
	顾客可以接受产品或服务，愿意为此付费
	产品的附加价值高
	产品对市场的影响力大
	将要开发的产品生命长久
	项目所在的行业是新兴行业，竞争不激烈
	市场规模大，销售潜力达到 1 000 万～100 000 万美元
	市场成长率为 30%～50%，甚至更高
	现有厂商的生产能力几乎完全饱和
	项目所在行业在 5 年内能占据市场的领导地位
	产品拥有低成本的供货商，具有成本优势
经济因素	达到盈亏平衡点所需要的时间短于 1.5 年或 2 年
	盈亏平衡点不会逐渐提高
	投资回报率在 25%以上
	项目对资金的要求不是很高，能够获得融资
	销售额的年增长率高于 15%
	有良好的现金流量，能占到销售额的 20%～30%
	能获得持久的毛利，毛利率要达到 40%以上
	能获得持久的税后利润，税后利润率要超过 10%
	资产集中程度低
	运营资金不多，其需求量是逐渐增加的
	研究开发工作对资金的要求不高
收获条件	项目带来的附加价值具有较高的战略意义
	存在现有的或可预料的退出方式
	资本市场环境有利，可以实现资本的流动

（续表）

评价要素	评价指标
竞争优势	固定成本和可变成本低
	已经获得或可以获得对专利所有权的保护
	竞争对手尚未觉醒，竞争较弱
	拥有专利或对专利具有某种独占性
	拥有发展良好的网络关系，容易获得签订合同的机会
	拥有杰出的关键人员和管理团队
管理团队	创业团队是优秀管理者的组合
	行业和技术经验达到了本行业内的最高水平
	管理团队的正直、廉洁程度能达到最高水平
	管理团队知道自己缺乏哪方面的知识
创业家的个人标准	个人目标与创业活动目标相符合
	创业家可以做到在有限的风险下实现成功
	创业家能承受薪水减少等损失
	创业家渴望创业这种生活方式，而不只是为了赚大钱
	创业家可以承受适当的风险
	创业家在压力下身心状态依然良好
理想与现实的战略性差异	理想与现实情况相吻合
	管理团队已经是最好的
	管理团队在客户服务管理方面有良好的理念
	所创办的事业顺应时代潮流
	所采取的技术具有突破性，不存在许多替代品或竞争对手
	管理团队具备灵活的适应能力，能快速地进行取舍
	创业家始终在寻找新的机会
	定价与市场领导者的定价几乎持平
	产品能够获得销售渠道，或已经拥有现成的销售网络
	项目能够允许失败
致命缺陷	创业机会不存在任何致命缺陷

2. 刘常勇的创业机会评价框架

我国台湾地区的创业学者刘常勇教授归纳出的创业机会评价基本框架，是一种比较简单的评价方法。他认为创业机会评价主要围绕市场评价和回报评价两个层面展开。

1）市场评价

市场评价主要从以下几个方面展开：

（1）评价创业机会是否有市场，是否专注于消费者的具体需求，能否为消费者带来新的价值。

（2）依据波特的五力模型评价创业机会的市场结构。波特五力模型是商业管理界公认的"竞争战略之父"迈克尔·波特于 20 世纪 80 年代初提出的。他认为行业中存在着决定竞争规模和程度的五种力量，即同行业内现有竞争者的竞争能力、潜在竞争者进入的能力、替代品的替代能力、供应商的讨价还价能力和购买者的议价能力。这五种力量综合起来影响着产业的吸引力及现有企业的竞争战略决策。

（3）分析创业机会所面临的市场规模大小。

（4）评价创业机会的市场渗透力。

（5）预测可能取得的市场占有率。

（6）分析产品的成本结构。

2）回报评价

回报评价的主要指标如下：

（1）税后利润是否高于 5%。

（2）达到盈亏平衡的时间是否在 2 年以内。如果超过 3 年还不能实现盈亏平衡，那么这样的创业机会是没有价值的。

（3）投资回报率是否高于 25%。

（4）资本需求量是否较低。

（5）毛利率是否高于 40%。

（6）新企业在市场上的战略价值。

（7）资本市场的活跃程度。

（8）退出市场和收获回报的难易程度。

（二）定量评价法

定量评价法是指按照数量分析方法，从客观量化角度对数据资源进行优选与评价的一种方法。常用的定量评价法包括标准打分矩阵法、温斯丁豪斯法和珀泰申米特法。

1. 标准打分矩阵法

标准打分矩阵法是指创业者选出创业机会对创业成功有重要影响的因素，再由专家小组对每一个因素进行"最好"（3分）、"好"（2分）、"一般"（1分）3 个等级的打分，最后求出每个因素在各个创业机会下的加权平均分，从而对不同的创业机会进行比较的一种评价方法。表 4-2 列出了 10 项主要的评价因素，创业者在使用标准打分矩阵法时，可以根据具体情况对全部因素或部分因素进行评价。

表 4-2　标准打分矩阵评价表

标准	专家打分			
	最好（3分）	好（2分）	一般（1分）	加权平均分
易操作性				
质量和易维护性				
市场接受性				
增加资本的能力				

（续表）

标准	专家打分			
	最好（3分）	好（2分）	一般（1分）	加权平均分
投资回报				
专利权状况				
市场大小				
制造的简单性				
口碑传播潜力				
成长潜力				

2. 温斯丁豪斯法

温斯丁豪斯法实际上是通过量化计算来比较各个机会优先级的一种方法。其计算公式如下：

$$机会优先级 = \frac{技术成功率×商业成功率×（价格-成本）×投资生命周期收入}{总成本}$$

在该公式中，技术成功率和商业成功率以百分比（0～100%）表示；成本以单位产品的成本计算；投资生命周期收入是指投资期内可以预期的所有收入；总成本为研究、设计、制造和营销等环节的成本之和。对于不同的创业机会，应将其相应的具体数值代入计算公式。特定机会的优先级越高，表示创业者利用该机会创业成功的可能性越大。

3. 珀泰申米特法

珀泰申米特法是通过计算创业机会的成功潜力的各项因素分值来评价创业机会的一种方法。对于每个因素来说，不同选项的得分范围为从-2分到+2分。创业者可以通过加总所有因素的得分，得到最后的总分。总分越高，说明特定创业机会的成功潜力越高。一般来说，只有那些最后得分高于15分的创业机会，才值得创业者进行下一步的策划，而低于15分的都应被淘汰。表4-3所示为珀泰申米特法评价表。

表4-3　珀泰申米特法评价表

评价因素	得分
税前投资回报率的高低	
预期的年销售额增长率	
生命周期中预期的成长阶段时间	
从创业到销售额高速增长的预期时间	
投资回收期长短	
获得领先地位的潜力大小	
商业周期的影响大小	
产品定高价的潜力大小	

（续表）

评价因素	得分
进入市场的容易程度	
市场试验的时间长短	
对销售人员的要求	
总　分	

在实际运用中，创业者可以综合应用上述评价方法，也可以适当延伸，将其应用于对创业机会的分析和研究中。

任务训练

一、小组讨论

生活中确实存在着大量的创业机会，但为什么有的人能发现，有的人却发现不了？学生每 3～5 人为一组，结合影响创业机会识别的因素进行分析讨论。讨论结束后，每组选一位代表讲述讨论的过程和内容。

活动结束后，教师可根据表 4-4 进行评分。

表 4-4　活动评价表

评分标准	满分	实际得分	备注
积极参与讨论	20		
能够提出鲜明的观点	20		
提出的观点具有合理性	20		
能够大胆表达自己的想法	20		
语言表达流畅	20		
总　分	100		

二、探索活动

创业机会探索

活动目的：

通过探索活动，培养识别创业机会的能力。

背景资料：

现在的创业者常常会感叹生不逢时，羡慕 20 世纪八九十年代的创业者们面对着大量的市场空白、卖方市场，那时候似乎只要胆子够大就能够赚到钱，无论开发什么项目都不愁销路。而当今的市场上，似乎在任何领域都有着大量的竞争者，即使是在有前景的市场领域，很多刚起步的创业项目也会陷入恶性竞争。这说明依靠信息、资源稀缺性来实现创业成功的路已越来越窄。但这并不意味着现在已经没有了创业成功的机会。任何时代的创造者要想获得成功，都必须有超前的眼光和独辟蹊径的智慧。

活动内容：

仔细观察，认真思考，寻找身边的创业机会。具体操作步骤如下：每3～5人一组，各组通过头脑风暴的方式展开创业机会探索活动，然后以书面形式把所想到的创业机会一一列出。

创业机会的来源可考虑以下几个方面：

（1）个人生活经历。

（2）偶然的发现（在日常生活中或旅行中的发现等）。

（3）个人兴趣爱好。

（4）个人的家庭环境、家庭成员所从事的职业及其相关的行业背景等。

（5）国家政策导向。

（6）产业结构及技术的变革。

活动检测：

活动结束后，教师可根据表4-5进行评分，并评选出表现最为优秀的一组。

表4-5　活动评价表

评分标准	满分	实际得分	备注
积极参与活动	20		
能列出创业机会	30		
创业机会富有创意	30		
可操作性强	20		
总　分	100		

三、能力训练

（1）假如你所在的社区存在以下几个问题，你能否从中发现创业机会？

① 当地没有令人感到舒服的、可与朋友会面的休闲咖啡店。

② 虽然当地的餐厅较多，但是菜品、服务相似，没有特色。

③ 社区服务不健全，离家近的菜店里商品种类少、价格高；离家远的地方虽有一个商品种类多、价格低的综合性农贸市场，但坐车需要花费20分钟。

④ 在当地的商店里，玩具品种比较少，顾客选择的余地不大。

（2）关注当今的社会变化和政策变化，并根据表4-6列出社会和政策变化带来的商机。

表 4-6　社会和政策变化带来的商机

社会、政策变化	商机（一）	商机（二）	商机（三）	商机（四）
"互联网+"时代到来				
数字电视普及				
产业转型升级				
旅游业的兴起				
"一带一路"倡议的提出				
食品安全问题频发				

（3）请大家运用前面介绍的创业机会评估方法评估上述创业机会是否可行，然后由师生共同选出最具创意、最具可行性的创业机会，并进行创业模拟。

任务二　管理创业风险

名人语录

任何时候做任何事，订最好的计划，尽最大的努力，作最坏的准备。

——李想

问题导入

创业有风险，但也可以有效地规避和防范。风险规避和防范的第一步就是要正确、全面地识别可能面临的各种潜在风险。在进行下面的学习之前，请同学们思考以下问题。

（1）创业有什么风险？
（2）如何才能识别创业风险？
（3）创业者该如何防范创业风险？

知识链接

一、创业风险的概念

创业风险是指在创业过程中，由创业环境的不确定性，创业机会与企业运营的复杂性，以及创业者、创业团队能力的局限性，所导致的创业活动偏离预期目标的可能性及后果。

二、创业风险的来源

（一）资金风险

资金风险是指由于各种难以预料或无法控制的因素，创业企业的实际营收小于预期营收的可能性及后果。对创业所需资金估计不足、创业资金筹措不及时、财务结构不合理、融资不当、现金流管理不力等，都可能导致创业企业实际营收不及预期，从而引发一定的资金风险。一旦流动资金不足，企业就会遇到运营困难，甚至会破产倒闭。

（二）竞争风险

一旦选择创业，创业者就应深入思考如何参与竞争的问题。如果创业者选择的是一个竞争非常激烈的领域，那么创业企业极有可能受到同行的强烈排挤。例如，一些大企业为了吞并或挤垮小企业，通常会采用低价销售的手段展开竞争。对大企业来说，由于规模较大、实力雄厚，短时间的降价并不会对其造成致命的伤害，而对创业企业而言，竞争对手的低价销售策略则可能是灭顶之灾。

（三）技术风险

技术风险是指由技术方面的因素及其变化的不确定性所导致的创业失败的可能性。技术研发、技术前景、技术寿命、技术效果和技术成果转化的不确定性等，都可能带来技术风险。

（四）市场风险

市场风险是指由市场情况的不确定性所导致的创业者失败的可能性。市场供给和需求的变化、市场对产品的接受度和接受时间的不确定性、产品价格变化、市场战略失误等都可能给创业活动带来一定的市场风险。

（五）团队风险

现代企业越来越重视团队的力量。创业团队能通过协同合作使创业企业发展壮大，但是，一旦创业团队的核心成员在决策问题和协作问题上产生分歧，企业发展就可能受到强烈的冲击。此外，创业团队在股权、利润分配等相关问题上不能达成一致时，企业发展也容易受到冲击。

三、创业风险的管理

（一）风险识别

风险识别是指在风险事件发生之前，风险管理人员在搜集资料和调查研究的基础上，运用各种方法对尚未发生的潜在风险进行系统归类和全面识别的过程。其任务是查明各种不确定性因素和风险来源，预估各种风险事件的可能后果，确定哪些因素对创业构成威胁，哪些因素可能带来机会，从而为风险管理做好准备。

风险识别的具体方法主要有以下几种：

（1）业务流程法。按创业企业经营过程的内在逻辑制作流程图，并针对流程中的关键环节和薄弱环节进行调查分析，找出可能存在的风险，进而分析该风险存在的原因和可能造成的损失。

（2）咨询法。委托咨询公司或保险代理人对创业企业进行风险调查和识别，由其提出风险管理方案，供创业者参考。

（3）现场观察法。通过直接观察创业企业的各种生产经营设施和具体业务活动，了解和掌握企业面临的各种风险。

（4）财务报表法。通过分析资产负债表、损益表和现金流量表等报表中的每一个会计科目，确定创业企业在何种情况下会有何种潜在损失及其成因。由于每个企业的经营活动最终都要涉及商品和资金，而财务报表可集中反映商品和资金的流转情况，所以用财务报表法分析企业风险比较客观、准确。

（二）风险评估

风险评估是指在风险识别的基础上，对可能发生的某类风险的预计、度量等。在这一阶段，创业者可先按照相关风险的发生概率，评估出大概率风险、一般风险和小概率风险，同时对风险事件可能带来的损失规模进行分析，以使风险分析科学化；然后，综合考虑风险事件的发生概率、损失程度与其他综合因素，并比较风险管理所需支付的费用，进而决定是否需要采取风险控制措施及控制措施实施到什么程度，从而为风险决策提供可靠的依据。

创业者如何防范创业风险？

（三）风险防范

创业者评估风险后，若认为某类风险会给企业带来较大的损失，就可以针对该类风险采取相应的防范措施。

（1）财务风险的防范。创业者可通过以下措施来防范财务风险：① 对创业所需资金进行合理估计，避免筹资问题影响企业的健康成长和后续发展；② 为创业企业建立信用，以提高成功筹集资金的概率；③ 正确权衡企业的长远发展和当前利益，设置合理的财务结构，从恰当的渠道获得资金；④ 妥善管理现金流，避免现金断流，进而造成财务拮据甚至破产清算的局面。

📖 案例阅读

中海集团的财务风险控制体系

近年来，中国海运（集团）总公司（以下简称"中海集团"）通过建立财务风险控制体系，有效地规避了中海集团在改革发展决策过程中的企业财务风险。

一是建章立制，抓好制度落实。中海集团根据资金集中管理的实际情况，制定颁布了《资金管理办法》《信贷管理细则》《担保管理细则》《外币结算资金管理细则》等一系列资金管理规章制度，从完善资金管理的制度建设入手，为资金风险控制提供了操作依据和制度保障。通过强有力地贯彻执行资金管理制度，保证了中海集团资金业务所有工作岗位始终都在授权范围内操作。同时，对资金业务实行具体操作和监督审核相分离，从制度建设和具体操作两个层面落实风险控制措施。

二是建立机构，落实资金风险控制责任。为加强资金管理和风险控制，中海集团成立了财经委员会，在财经委员会下设立资金风险控制委员会。资金风险控制委员会由总裁亲自挂帅，专门落实中海集团资金风险控制工作，层层审批中海集团各项贷款、担保等重大资金事项，从业务流程的每个环节对风险进行了预控。资金管理和风险控制纳入到了集体领导、民主决策的制度化轨道。

三是严格审批，规避高风险业务风险。中海集团严格审批对外担保、开立信用证等高风险业务。中海集团对外担保实行一支笔审批，下属单位没有对外担保权。确实需要对外担保时，必须要求被担保单位提供反担保措施。中海集团所属企业开立信用证的原则是必须围绕中海集团主业的需求，用于主业之外开立的信用证按照一事一报的原则，统一上报中海集团审批。因为措施得当，控制严格，中海集团成立至今没有发生一起担保不当、私自开立信用证的事件。

四是确保非生产经营性资金安全，严格控制非生产经营性资金的对外支付。中海集团规定，中海集团各单位的对外支付非生产经营性资金，必须经过中海集团两个主要领导的审批，经银行核对预留的签字笔迹后，才能从中海集团统一开立的非生产经营性资金支付专户中对外支付，确保了中海集团非生产经营性资金的安全。

资料来源：http://www.sbasf.cn/resources/faq/929

（2）竞争风险的防范。创业者可通过以下措施防范竞争风险：① 回归到产品本身，提高产品质量，丰富产品种类；② 关注竞争对手的动向和用户需求，找到竞争对手的弱点，据此找到市场竞争的突破口，进而为用户提供独一无二的产品。

（3）技术风险的防范。创业者可通过以下措施防范技术风险：① 加强技术创新方案的可行性论证，减少技术选择与技术开发的盲目性，并通过建立灵敏的信息预警系统，及时预防技术风险；② 通过组建技术联合开发体或建立创新联盟等方式，减少技术风险发生的可能性；③ 高度重视专利申请、技术标准申请等，通过法律手段降低技术风险出现的可能性。

（4）市场风险的防范。创业者可通过以下措施防范市场风险：① 以市场为导向，以消费者的需求为出发点，有针对性地组织生产；② 时刻关注市场变化，及时规避市场不利因素的影响；③ 广泛收集市场信息，并加以分析比较，进而制订有效的市场营销策略；④ 摸清竞争对手的底细，分析其营销思路并找出其弱点，据此调整自己的营销思路，规避市场风险；⑤ 对各种成本精打细算，杜绝不必要的开销；⑥ 建立健全符合自身产品特点的销售网络；⑦ 以良好的售后服务赢得消费者的青睐。

（5）团队风险的防范。创业者可通过以下措施防范团队风险：① 谨慎选择创业团队成员；② 构建团队的共同价值观和愿景，让所有团队成员就"创业使命""共同目标"等关键命题达成共识，并用这些共识去指导团队成员的言行；③ 制订团队管理制度，规范团队纪律，用良好的制度和纪律来约束团队成员。

砥节砺行

大学生要创新创业就一定要在风险和收益之间进行抉择和权衡，既不能为了收益而不顾风险的大小，也不能因害怕风险而错失良机，而是要在争取实现目标的前提下，管理风险、控制风险、规避风险，这才是大学生创新创业者对待风险的正确态度。

任务训练

一、小组讨论

不管在什么行业，创业都存在风险。这些风险从开始创业时就潜伏在创业者的身边，有的创业者能很好地预测风险，所以能巧妙地避开。在创业过程中，一般会存在资金风险、竞争风险、技术风险、市场风险和团队风险。除了上述风险外，还存在其他风险吗？请同学们运用头脑风暴法，探索其他可能存在的创业风险，并想一想：你认为的最大的创业风险是什么？该如何规避？

学生每3～6人为一组，就上述问题展开讨论，并记录讨论的结果。讨论结束后，每组选一个代表说一说讨论的结果，然后由师生一起评比出观点最合理、方法最实用的讨论结果。

讨论结束后，教师可根据表4-7进行评分。

表4-7 活动评价表

评分标准	满分	实际得分	备注
积极参与讨论	20		
能够说出其他创业风险	20		
能针对创业风险提出有效的应对措施	20		
能够大胆地表达自己的想法	20		
语言表达流畅	20		
总　分	100		

二、探索活动

加盟户外运动品牌的风险探索

活动目的：

通过风险探索活动，掌握风险评估方法，并能针对企业存在的风险找出有效的应对方法。

活动内容：

随着户外运动的兴起，新兴户外运动品牌如雨后春笋般不断涌现，许多传统运动服装企业也嗅到了商机，纷纷开发出户外系列服装。选择一个你喜欢的户外运动品牌，并想一想：如果通过加盟该品牌的方式进行创业，需要注意哪些风险？应采取哪些防范措施？（主要对加盟前、加盟过程中和加盟后的风险进行评估。）

活动的具体操作步骤如下：

第一步，教师对学生进行分组，每3～5人为一组，选出一个小组负责人。

第二步，小组成员就上述资料中提出的问题进行讨论，然后写一份约600字的分析报告。

第三步，小组负责人上台汇报讨论的结果。

活动检测：

活动结束后，教师可根据表4-8进行评分。

表 4-8 活动评价表

评分标准	满分	实际得分	备注
能识别出不同阶段的风险	25		
能针对各种风险提出应对措施	25		
风险识别准确，措施合理有效	25		
能积极参与讨论，发表见解	25		
总 分	100		

三、创业访谈

访谈 2~3 个创业者，了解他们在创业和企业经营过程中遇到过哪些风险，他们是如何规避和化解这些风险的。（在采访前，一定要做好充分的准备，提前了解受访的企业；在访问过程中，要确保所提的问题有针对性。）

四、能力训练

假设你和你的合伙人一起创办了一家咨询公司。在经营过程中，你们经常在管理和营销决策方面发生分歧，且各自都觉得自己的想法是对的。由于两人意见经常不一致，矛盾越来越尖锐，合伙人开始经常不来公司，并独自在外揽项目，且项目款项不经过公司的账户。请根据上述问题，找出解决方案（至少 2 个），填入表 4-9，并对每个方案进行分析。

表 4-9 解决方案分析表

解决方案	优势	劣势	是否可行

评分标准：方案越多，越具有可行性，得分越高。

任务三 选择大学生创业项目

名人语录

对于做企业来说，思路决定出路，布局决定结局。

——牛根生

？ 问题导入

创业者在创业之前必须选择好项目才能进行下一步创业之路。项目是机会的具体化，是将创意转化为市场所需产品的实际表现。对创业机会进行识别和评估之后，创业者还需要结合自身条件，进一步评估机会的可行性；然后将创业机会进一步细化到产品上去，选择合适的创业项目。在进行下面的学习之前，请同学们思考以下问题。

（1）如果你要创业，你会如何选择创业项目？

（2）你拥有什么技能或技术？

（3）你能用这些技能或技术抓住商机吗？

🔗 知识链接

一、选择项目应遵循的基本原则

（一）做自己熟悉的

创业是一项风险极高的活动，大学生的初次创业更是如此。创业者应尽量选择自己熟悉的行业和项目，充分利用自己的优势资源，如专有技术、行业从业经验、经营管理能力、个人社会关系等，这样既可以较好地控制风险，又能够发挥自己的特长，形成自己的经营特色，同时也更容易看清市场变化，在将来的市场竞争中占据主动地位。我国许多老字号品牌如"北京烤鸭""山西老陈醋"等，能够历经百年而长盛不衰，与这些品牌商家在最初创业时开发并有效利用自己的专有技术都有着密切的关系。

（二）做自己感兴趣的

兴趣是最好的老师。如果创业者选择自己感兴趣的创业项目，那么创业活动一般比较容易获得成功，并且活动的开展会事半功倍；如果创业者自己对创业项目并不感兴趣，只是为了挣钱，那么创业者一般不太容易将创业项目做好，即使最后做好了，往往也是事倍功半。因此，正在艰难选择项目的创业者，最好选择自己感兴趣的行业和项目。

（三）做可以掌控的

由于初次创业的创业者普遍缺乏企业管理经验，资金和社会关系等资源相对匮乏，这些不足使他们极易遭遇创业的"初始危险期"。因此，创业者必须清楚地衡量自己的资源，量入为出，把风险置于自己可以掌控的范围之内；在同等条件下，应优先考虑那些"短、平、快"的项目。这样，一方面可以迅速收回投资，降低投资风险；另一方面，即便项目后期成长性不佳，创业者也可以选择维持经营或主动退出，然后利用掘到的"第一桶金"另寻出路。现实生活中，不少成功的企业家当前所经营的产业与当初创业时的选择大相径庭，就说明了这一点。

（四）做市场需要的（产品）

产品生产要以市场为导向。创业者在选定项目之前，一定要做好充分的市场调研，获取市场的产品需求信息。创业需要灵感，但灵感不能建立在虚幻之上，不做市场调研，就不能知晓市场真正的需求，更无法预测市场的未来走势，从而导致生产出来的产品脱离市场需求。创业者可以通过问卷、访谈、实地考察、试验等多种方式进行市场调研，获取市场需求的第一手资料。创业者尤其要注意对市场空白进行研究，因为有空白就意味着可能存在巨大的消费需求，而这就是商机，就是最好的创业项目。

温州有一个拥有千万资产的老板叫叶建林，他创业成功的秘诀就是"生意一火就转行，哪行没人做就做哪行"。他先后做过酒楼、鞋革厂、大排档、火锅店等生意。每一次他都创当地行业之先河，而且盈利颇丰，原因就在于他能敏锐地发现和抓住市场空白，捷足先登。

（五）做可持续发展的

选择创业项目时，创业者应该有一个长远的眼光，把可持续发展作为创建企业的一个重要目标。思想有多远，路就有多远，如果创业者只考虑眼前利益，那么创业企业离淘汰也就不远了。例如，以前曾经出现过的玩具"飞来飞去器"、健身器材"呼啦圈"等，这些产品的畅销就像是一阵风，这阵风吹过之后市场就饱和了。因此，创业者应该选择市场需求源源不断的创业项目，确保项目能向市场提供反复消费的商品，只有这样的项目，才能让创业企业实现可持续发展。

（六）做符合政策导向的

成功的创业者一定会时刻关注国家政策的变化。政策对于不同产业的导向，反映了国家对于不同产业的态度和这些产业未来可预见的前景。国家扶持的产业往往是国家重点发展的项目，而这正是创业者所需要的商机。当前相当一部分成功的民营企业家，就是在我国改革开放初期，借助国家政策的变化，找到了创业机会，实现了创业梦想。随着改革开放的不断深化，越来越多的商机将不断涌现。

需要注意的是，创业者一定要在国家允许进入的行业和领域选择创业项目。国家对于某些活动是明令禁止的，如制毒贩毒、生产和经营军火、传销等；有些领域是有限制条件的，如制药、烟草等；有些行业是有资质要求的，如大型建筑工程建造、矿山开采等。面向普通大众的民用商品领域，绝大部分是没有限制的，创业者只需要守法经营和依法纳税即可。总之，创业者所选择的项目及经营活动要符合法律的规定，否则创业终归是要失败的。

📖 案例阅读

劳模刘超：归雁领航　展现乡村振兴巾帼担当

党的二十大报告提出"全面推进乡村振兴"。近年来，国家陆续出台了许多引导和鼓励大学毕业生服务乡村振兴的政策，大学毕业生如果有合适的机会，可选择乡村创业项目。

在广饶县张守凤家庭农场里，"80后"农场主刘超正在和几个农村妇女一起给萝卜定苗。别看她年龄小，但是干起活来手脚利索，活脱脱一个"老农民"的架势。"现在我们的农场规模达到了 2 100 亩，为周边群众提供了大量就业岗位，农场主刘超也成为了我们年轻人的榜样。"农场的员工赵心悦说道。

出生于 1987 年的刘超，大学毕业后曾在中铁二十四局南昌建设有限公司担任项目财务工作。居住在大城市，工作在央企，是很多大学生毕业后梦寐以求的生活，可对刘超来说，心里总感觉缺少些什么。在她的家乡李鹊镇，有东营唯一的成方连片达 6 万亩的粮食主产区，一望无际的麦田和整齐划一的蔬菜大棚，远远望去恰似一幅生机勃勃的田园画卷。昔日"雁南飞"，今朝"凤还巢"。2015 年春节，刘超毅然放弃国企工作回乡替父经营农场，实现了从"白领"到"家庭农场主"的转变。从此，她扎根黄土地，发展现代农业，在乡村振兴这方大舞台上展现新时代巾帼风采。

"跨行"经营，想法虽好，但真正做起来却是困难多多、阻力重重。归来之初，由于缺乏农业经验，刘超也经历了一些挫折。"创业之初空有一腔热情，对农业技术不了解，盲目地引进美国手指胡萝卜，对农场的发展带来了很大的负面影响。"刘超说道。

在她困惑的时候，当地妇联等部门送来了"及时雨"，建议她参加了女农场主培训、新型职业农民培训。刘超还请教专家、查阅资料，决定将原来的单一种植模式转变为绿色生态循环模式，通过引进智能水肥一体化等现代化智能设施，大力发展"羊-沼-菜"绿色生态循环农业，为农场发展注入了新动能。

如今，刘超带领的张守凤家庭农场有限公司种植规模已达 2 100 亩，注册有"守凤""罗小卜""红萝贝"等多个商标和"李鹊胡萝卜"地理标识，年生产胡萝卜 1 万余吨、收入 900 万元，带动周边 300 余名农村妇女就业，人均增收 3 000 余元。农场先后被评为"山东省示范家庭农场""东营市巾帼双创示范基地"，同时，刘超也荣获了"全国劳动模范""全国农村青年致富带头人""山东省最美乡村女致富带头人"等荣誉称号。"我应该把这份沉甸甸的荣誉转化为创业中前进的动力。我希望自己能发挥更多余力，带动更多乡村妇女共同致富，为乡村振兴贡献自己的微薄之力，展现巾帼风采。"广饶县张守凤家庭农场有限公司总经理刘超说道。

资料来源：https://www.sohu.com/a/539354665_121106991

二、创业项目的选择策略

（一）基于解决他人困难选定创业项目

创业者可以从各种社会困难现象和他人的实际困难中，找出当前尚未被满足而又被消费者广泛渴望的需求，即"痛点"，从中发掘出能够产生系列连锁反应的机会。"别人的困难往往就是企业成功的机会。"解决别人的实际困难，或挖掘别人（即潜在的目标客户、用户）的"痛点"，可谓是创业最好的出发点和切入点之一，很多创业者或创业团队的起步都是从自己的"痛点"或身边人的"痛点"做起的。例如，城市交通拥堵，打车难是"痛点"，各种打车软件便应运而生；餐馆多、难甄别是"痛点"，餐饮点评网站便应时而现；一些青年大学生对学校食堂饭菜不甚满意或懒于走动等是"痛点"，各种做外卖的网站则横空出世；出门在外，手机没电而又急需使用是"痛点"，充电宝即破土而出。

（二）通过分析已有商品存在的问题选定创业项目

市场上销售的商品总会存在这样或那样的问题：有的样式单调，有的颜色单一，有的功能和性能不够完善，有的结构不合理，等等。创业者可以通过调查分析，针对这些商品存在的问题，对商品进行改进和完善，在解决问题的过程中选定创业项目。通过此类策略选定的创业项目的成功率往往很高。

（三）通过透视热销商品或社会热点现象背后隐藏的商机选定创业项目

创业者可以热销商品或社会热点为导向，认真分析热销商品或社会热点现象背后隐藏的商机，通过为那些"赶潮"的人们提供创新型商品或服务来选定创业项目，并进行经营实践。例如，当看到智能手机热销时，有人分析了智能手机背后隐藏的商机：一是手机贴膜应运而生，二是手机阅读架悄然而起，三是手机自拍杆顺势而出，四是手机充电宝备受青睐，五是各类手机 App 犹如雨后春笋般涌现。又如，旅游热背后隐藏的商机——旅游产品的开发；网购商品热点现象背后隐藏的商机——物流快递业的发展（见图4-1）；等等。

图 4-1　物流业的发展

（四）基于市场供求差异分析选定创业项目

从宏观上看，任何产品或服务的市场需求总量和市场供给总量之间往往都会存在一定的差距。通过调查分析，若发现某种产品或服务的市场供给不足，就可以从中找到创业机会，选定创业项目。市场需求不仅是多样化的，而且是不断变化的。因此，即使有时市场供求总量平衡，但供求结构不一定平衡。创业者通过分析供需结构差异，也可以从中发现创业机会，选定创业项目。例如，1983 年，时任广东三水酒厂厂长的李经纬先生在创业时发现，虽然我国饮料市场的供求状况从总体上看是供过于求的，但他在供过于求的市场状态中，通过分析供需结构差异发现了创业机会，开发出运动保健饮料，起名"健力宝"，一举打开市场，进而使健力宝公司不断发展壮大并广为人知。

（五）利用市场细分选定创业项目

所谓市场细分，就是根据整体市场上消费者需求的差异性，以影响消费者需求和欲望的某些因素为依据，把某种商品的整体市场划分为若干个消费者群体（子市场）的一种市场分类方法。通过研究子市场，创业者可以找出某类消费者的共同特点，然后针对这些特点进行产品研发，进而可能发现创业机会。

（六）根据自身的喜好或特长选定创业项目

自己喜爱或擅长的事情通常都比较容易做好。创业者可以结合自身的专业特长，认真分析市场需求和自身情况，进而选定创业项目。这样往往能最大限度地激发自身的创新创业激情，并提高创新创业实践的成功率。

案例阅读

将创业和科普进行到底

小童希望通过自己的努力打造出一流的天文航天知识科普平台，创作出青年喜闻乐见的产品，激发他们的兴趣，为拥有航天梦的青年提供广阔的学习舞台。

"实践是检验真理的唯一标准。"小童从小就着迷于宇宙和星空，对太空探索和科学科幻倍感兴趣。进入大学后，她便用自己努力的烈火，检验着梦想这块真金。2015年，她以自媒体为切入点，创立了"三体迷"创业项目，以"自媒体社群"的模式来运作。

小童的创业之路，前期困难重重，没有获得任何收入，但她始终不放弃。经过不断地探索和学习，她的团队逐渐步入正轨，建立了一套成熟的自媒体写作方式，提高了知名度，阅读用户开始出现爆发式增长。

2016年，小童成功注册成立了福州三体文化传媒有限公司，为自己的创业之路铺上更加坚固的基石。该公司是一家垂直于泛科幻领域的互联网文化传媒企业，目前已经拥有强大的内容制作团队，内容以泛科幻资讯、宇宙天文科普及趣味科学知识为主，每个月发布原创内容60～80篇。

截至2017年3月12日，小童的公司拥有的自媒体账号"三体迷"在各大平台的总订阅人数超过50万，累计阅读量超过3亿。短短一年时间，关注人数和累计阅读量就翻了一倍。其中，在"网易新闻"平台的订阅人数接近30万，累计阅读量超过1亿，并且成功入选"今日头条"平台的"千人万元"计划。"三体迷"账号的影响力不断扩大，优质的原创文章获得科普中国、科技新闻信息通讯社和中国科学院物理研究所的转载请求，为宇宙、天文、航天知识的科普，以及科幻文化的传播做出了自己的贡献。

资料来源：https://www.sohu.com/a/217813623_650037（有改动）

拓展阅读

大学生创业建议项目

大学生创业者一般可以考虑以下几类易于切入和运作的项目。

1. 借助学校品牌的项目

（1）各类专业培训项目。若大学生所在的学校有医学、心理学、教育学专业，大学生创业者便可借助大学的品牌优势和专业师资资源，开展各种培训项目。

（2）成熟的技术转让。理、工、农、医类院校都有一些技术课题和成熟的技术项目。大学生创业者可以为这些技术寻找市场，实现技术转化。

（3）各种专业的咨询。经济管理等专业的大学生可成立咨询服务企业，邀请业内权威专家组成"专家顾问团"，向有需求的人员提供咨询服务。

2. 利用优势的服务项目

（1）成人考试补习。可以与本校的成教学院或其他相关部门合作，独立运作成人考试补习

创业微电影——
《高秋月的创业之路》

方面的项目。

（2）会议礼仪服务。成立一支大学生礼仪服务队，既可以与专业的礼仪公司合作，也可以直接服务于各类大型会议。

（3）速记训练营。许多场合（如研讨会、新闻发布会、各种论坛等）都需要速记人员。大学生创业者可以根据速记市场的需求，建立专业的速记人才队伍并提供相应的服务。

3. 可以独立运作的专业项目

（1）各种专业外包服务。一些研发或服务项目可以外包开发，适合专业人才或小团队独立运作。互联网又为这种运作方式提供了可行且便利的条件。大学生创业者可以充分利用互联网，以外包和分包的模式运作这些研发或服务项目。

（2）图书制作前期工作。例如，选题策划、文字录入、版式设计、包装设计、校对等，都适合具有该方面技能的大学生独立去做。

（3）各类平面设计工作。平面设计工作包括广告设计、宣传画设计、封面设计、商标设计等。此类项目属于创意设计类项目，特别适合有艺术设计特长的大学生创业者。

（4）各种专项代理业务。专项代理业务主要包括专利申请代理、技术产权代理及各类注册代理，如商标注册、域名注册等。有相关业务知识的大学生可以选择这种业务项目进行创业。

4. 利于对外合作的项目

（1）婚礼化妆司仪。婚庆产业是长盛不衰的，又总是与节假日、双休日捆绑在一起，其服务内容包含多个类别，不限于化妆和司仪，其中任何一个项目都可以独立运作，并可以做得有特色、有创意。

（2）服装鞋帽设计。服装鞋帽的生命力在于其不断推出的流行款式，设计是这类创业项目的生命。大学生创业者可以先设计出新款鞋子并做出样品，然后让大鞋商订货，再拿订单委托鞋厂加工。

（3）各类信息服务。大到行业信息，小到名录，无论哪类信息都有商业价值，只要信息内容够专业，够翔实，够有深度，就会有人愿意购买这些信息。大学生创业者可以充分利用所学专业的相关信息，向有需求的人员提供信息服务。

（4）主题假日学校。凡是对中小学生的德、智、体发展有益的项目，都可以用于主题鲜明的假日学校。大学生创业者可以在选择一个适宜的主题后，充分利用有影响、有公信力的资源推进项目的开展，也可以与旅游公司联手举办相关活动。

5. 小型多样的经营项目

（1）手工制造。例如，一位大学女生把剪纸做得很专，很透，很有规模，不仅把剪纸产品销往了许多国家，还搞起了专业培训。

（2）特色专柜。例如，在黄山有一个幽静的山谷，那里的农民自己采摘、炒制野山茶，有一名北京的大学生看到了野山茶的商机，在一家大型茶庄开设了一个专柜，专门销售这种野山茶。

（3）网络维护。许多企业、事业单位为了节约成本，使用兼职的网络维护员。有网络维护技术专长的大学生，不妨成立项目组，同时为多个客户做兼职网络维护服务。

（4）体育用品。例如，山东的一名大学生创办了一个"体育文化"工作室，直接从厂家购进运动服装和体育用品，在本校和附近的几个学校销售，生意异常红火。

资料来源：叶敏，谭润志，杨荣. 大学生创新创业教育［M］. 上海：上海交通大学出版社，2016.

任务训练

案例分析

　　刘芳的邻居开了一家食品便利店，效益一直非常好。刘芳看着眼热，便决定自己当老板，也开一家食品便利店，并把这一想法告诉了亲戚、朋友和邻居。刘芳家有一间房临街，特别适合用来开食品便利店。于是，她的丈夫便帮她做了一个柜台和一些搁板，以便她开店。刘芳拿出自己的积蓄，加上从亲戚那里借来的钱，开始进货。当她申请到营业执照后，她的食品便利店就开业了。开业后不久，刘芳就遇到了问题：她商店里的顾客比邻居店里的少很多；同时，她的孩子告诉她，邻居店铺现在的经营状况也不怎么好。

　　思考：

　　（1）刘芳的食品便利店为什么会出现问题？

　　（2）在这种情况下，刘芳能做些什么，以改善当前的状况？

项目实训——创业模拟

寻找创业项目

活动目的：

根据自身优势寻找创业项目，培养寻找创业项目的能力。

活动内容：

　　自己所学的专业是自己最熟悉的。首先，根据所学的专业，结合将来所处行业的特点，找到创业切入点，寻找创业机会。然后，运用蒂蒙斯的创业机会评价模型对创业机会进行评估，以确定创业机会是否具有可行性。接着，评估自身条件，确定自己是否有能力利用这一机会。最后，选取创业项目，优化创业方案。活动的具体实施步骤如下：

　　（1）学生每3～6人为一组，各组成员写出可能存在的创业机会。

　　（2）各小组进行创业机会评估。

　　（3）各组成员进行自身条件评估。

　　（4）各组选取创业项目。

　　（5）各组运用头脑风暴法优化创业方案。

　　（6）师生一起评价创业项目，选出具有代表性的创业项目，并进行创业模拟。

　　（7）展示预期成果或收益。

活动检测：

活动结束后，教师可根据表4-10进行评分。

表 4-10　活动评价表

评分标准	满分	实际得分	备注
能发现较多的创业机会	25		
能够运用蒂蒙斯的创业机会评价模型进行评估	25		
创业项目符合市场需求	25		
创业项目风险可控	25		
总　分	100		

项目五
组建创业团队

创业对于大多数人而言既是一件极具诱惑的事，也是一件极具挑战的事。一个人要想创业成功，首先要具备基本的创业素质，较强的心理素质、良好的道德素质和过硬的专业素质能帮助创业者抓住机遇；其次要拥有优秀的创业团队，一个好的创业团队对创业取得成功起着至关重要的作用，团队的凝聚力、合作精神、敬业精神等能够加快企业的成长步伐，进而推动企业走向成功。

请同学们想一想：创业者应具备哪些素质？你觉得自己适合创业吗？你觉得组建一个创业团队应该注意什么？

学习目标

知识目标：

- 了解创业者应具备的素质，掌握提升心理素质、道德素质和专业素质的方法。
- 了解创业团队的概念和组成要素，掌握组建优秀创业团队的要求、创业团队的管理要点。

能力目标：

- 能够分析自身所具备的创业素质，发现自身素质的不足并找到有效的提升方法。
- 能够组建和管理创业团队。

素质目标：

- 自觉养创业所需要的素质，如自信乐观、顽强执着、诚实守信、守法律己、勤劳节俭等。
- 树立团队意识，自觉提升团队管理能力。

项目导入
XIANGMU DAORU

俞敏洪的创业团队

俞敏洪，1962 年出生于江苏江阴，1980 年考入北京大学西语系，毕业后留校担任北京大学外语系教师。1991 年 9 月，俞敏洪从北京大学辞职，开始了自己的创业生涯。1993 年，俞敏洪创办了新东方培训学校。1994 年，新东方已经有几千名学员，在北京也已经是一个响亮的牌子，俞敏洪从中看到了一个巨大而诱人的教育市场。

一、聚集人才

在新东方创办之前，北京已经有三四所同类学校，参加新东方培训的学员多以出国留学为目的。新东方能做到的，其他学校也能做到。那么，如何先人一步取得自己的竞争优势，进而把新东方做大做强，俞敏洪的答案是新东方要具备一流的师资。

俞敏洪需要找到更多的合作伙伴，帮他确保英语培训各个环节的质量。而这样的人，不仅要有过硬的专业知识和能力，更要和俞敏洪本人有共同的办学理念。他首先想到的是远在美国的王强、加拿大的徐小平等人，实际上这也是俞敏洪思考了很久才拿定的主意——这些人不仅符合业务扩展的要求，更重要的是他们作为自己在北大时期的同学、好友，在思维上和自己有着一定的共性，肯定能比其他人更好地理解并认同自己的办学理念，合作也会更坚固和长久。从 1994 年到 2000 年，杜子华、徐小平、王强、胡敏、包凡一、何庆权、钱永强、江博、周成刚等人陆续被俞敏洪网罗到了新东方的旗下。

二、构建团队

作为教育行业，师资构成了新东方的核心竞争力，但是如何让这支高精尖的队伍最大限度地发挥作用，俞敏洪从学员需求出发，秉持着一种"比别人多做一点，比别人做得好一点"的态度，合理架构自己的团队，寻找和抓住英语培训市场上别人不能提供或者忽略的服务，使新东方的业务体系得以不断完善。

徐小平、王强、包凡一、钱永强等人分别在出国咨询、基础英语、出版、网络等领域各尽所能，为新东方建起了一条顺畅的产品链。徐小平开设的"美国签证哲学"课，把办理出国留学过程中一个大家关心的重要程序问题上升到人生哲学的高度，让学员在开怀大笑中茅塞顿开；王强开创的"美语思维"训练法，突破了一对一的口语训练模式；杜子华的"电影视听培训法"已经成为国内外语教学培训极具影响力的教学方法……新东方的老师很多都根据自己教学中的经验和心得著书立说，并形成了自身独有的特色，让新东方成为一个有思想、有创造力的地方。

俞敏洪敢于选择这帮牛人作为创业伙伴，并且真的和他们一起做成了大事，成就了一个新东方传奇。从这一点来说，他是一个成功的创业团队领导者。他知道新东方人多是性情中人，从来不掩饰自己的情绪，也不愿迎合他人的想法，打交道都是直来直去，有话直说。因此，新东方形成了一种批判和宽容相结合的文化氛围，批判使新东方人敢于互相指责，纠正错误；宽容使新东方人在批判之后能够互相谅解，互相合作。

这种源自北大精神的自由文化，是俞敏洪敢用"孙悟空"，而且是多个"孙悟空"的前提条件，这是新东方成功的关键因素之一；而另一个关键因素就是俞敏洪本人所具备的包容性，他的这一特点让他能够带领一帮比他厉害的牛人，将新东方从小做大，顺利完成让局外人都为之捏了一把汗的股权改制。此外，俞敏洪还将新东方带到了美国的资本市场，使其成为中国第一个在海外成功上市的民营教育机构。

资料来源：https://www.docin.com/p-67667153.html，有改动

任务一　了解创业者素质

名人语录

我认为做企业要有这些素质，特别在中国市场上，那就是诗人的想象力、科学家的敏锐、哲学家的头脑、战略家的本领。

——宗庆后

创业前，很多困难你都不会把它认为是困难，当它突然成为困难时，很多人会承受不了，就放弃了，这样的人是无法成功的。

——史玉柱

？ 问题导入

创业者是创业的核心，是创业能否取得成功的关键因素。只有那些具备创业素质的优秀人才，才能给企业带来向心力和凝聚力，才能带领企业克服困难，走向成功。在进行下面的学习之前，请同学们思考以下问题。

创业者应具备哪些素质？

（1）你觉得哪种人是潜在的创业者？他们都具备什么样的素质？

（2）你认为自己具备哪些创业素质？

（3）你所知道的提升创业素质的方法有哪些？在生活中，你有意识地去练习和提高这些素质了吗？

🔗 知识链接

◀ 一、创业者应具备的素质

（一）心理素质

1. 独立自主

首先，创业者要有独立自主的个性心理。独立自主主要体现在以下几个方面：① 抉择自主，即在选择职业发展方向、创业目标时，有自己的见解和主张；② 行为自主，即在行动上不受他人的影响和支配，能将自己的想法、主张和决策贯彻到底；③ 行为独创，即能够开拓创新，不因循守旧、步人后尘。

2. 自信乐观

创业的过程也许很顺利，也许会遇到重重困难。但不管怎样，创业者都要自信乐观，相信自己的选择是正确的，相信自己能成功。自信乐观是人生和事业成功的基础，一个对自己有信心、拥有积极心态的人，在未来的生活和工作中才能够承受更多的压力和挫败。

3. 敢于冒险

在市场经济的大潮中，机会与风险并存。要想创业成功，就必须敢闯敢干、不怕失败，胆小怕事、不敢冒险的人是把握不住稍纵即逝的市场机遇的。但是，敢于冒险绝不意味着冒进、蛮干，即不顾实际条件和实际情况而贸然抉择或行动。创业者必须对市场机会进行全面、科学的分析后再采取行动。

4. 顽强执着

顽强执着是创业成功的保证。一般来说，创业之路都充满艰辛，创业者除了会面对种种困难，还会面对一次次的失败。如果创业者没有顽强执着的精神，创业极可能半途而废。纵观每一段成功企业的创业史，都是创业者在经历了一次次的失败后，继续顽强执着地奋斗，最终才带领员工摆脱逆境，取得成功的。

（二）道德素质

1. 诚实守信

诚实守信就是"诚实无欺，信守诺言，言行相符，表里如一"。诚实守信不仅是为人处世的基本准则，还是企业安身立命之本。在创业过程中，诚实待人、守信誉、重承诺是创业者的"金名片"，也是其参与各种商业活动的最佳竞争利器。一个坦诚、有信用的人，肯定比那些满嘴谎言、做出了承诺而不兑现的人更值得信任，也更容易获得机会和成功。

2. 责任心强

责任心是一个人对自己、对家庭、对企业乃至对社会主动担负责任的意识和品质。责任心是创业成功的基础，责任心强的人，会在工作中表现出成熟的举动和行为，会尽自己最大的努力来完成自己的职责。在开创人生事业时，创业者在方方面面都需要担负起责任，既需要对自己负责，又需要对企业员工负责，还需要对社会负责。

3. 守法律己

守法律己是指创业者要严格依据法律法规来创办和经营企业，不从事违法活动，个搞与法律相对抗的行为。市场经济是法治经济，创业者不仅要经受市场经济的考验，还要接受法律法规的考验。倘若不依法经营和管理企业，不仅会使个人身败名裂，还会给企业带来灭顶之灾。因此，创业者只有提高自己的法律意识，做到遵纪守法、严以律己，企业才能运营良好、持久发展。

4. 勤劳节俭

俗话说："成由勤俭败由奢。"勤劳节俭一直是中华民族的传统美德，也是永不过时的品质。对于创业者，尤其是那些白手起家的创业者来说，勤劳可以创造财富，节俭可以聚集财富。坚守"勤劳节俭"的美德，有助于提高企业的经营效率，降低企业的生产成本。

砥节砺行

修业必先修德。近代教育家蔡元培先生曾说过："若无德，则虽体魄智力发达，适足助其为恶。"道德之于个人、之于社会，都具有基础性意义，做人做事的首要是崇德修身。"德"是每个人成长成才的前提和基础，一个人的"才"只有与"德"相匹配，以"德"为引领，才能真正成为国家和人民需要的栋梁之才。

（三）专业素质

1. 专业能力

专业能力是指企业中与经营方向密切相关的主要岗位或岗位群所要求的能力。创业者应具备的专业能力具体体现在以下两个方面：① 创办企业中主要岗位的必备专业知识和专业技能；② 接受和理解与所办企业经营方向有关的新技术的能力。

创业者应具备的能力

通常来说，创业者在创业中虽然不需要面面俱到，但是熟练的专业知识、精湛的专业技能却是保证自己在业内游刃有余的必备条件。尤其是在竞争激烈的今天，没有过硬的专业能力，就无法带领队伍创造出能满足市场需要的产品和服务。例如，打算创建一家软件设计公司的创业者，如果自己都不懂软件，不仅控制不了产品质量，还容易致使队伍朝着错误的目标和方向前进。

2. 社交能力

创业者在从事经济活动时，不仅要与消费者和自己的雇员打交道，还要与供应商、金融机构、本行业同仁打交道，更要与各种市场监管部门打交道，因此，创业者必须具备较强的社交能力。社交能力在很大程度上决定了创业者的人脉资源，即创业者构建其人际网络的能力。一个创业者如果不能在短时间内建立广泛的人际网络，那么他的创业过程可能会非常艰难。

3. 管理能力

企业的成功离不开创业者的管理能力。管理能力是指对人员、资金的管理能力，它涉及人员的选择、使用、组合和优化，也涉及资金的聚集、核算、分配、使用和流动。管理能力是一种较高层次的综合能力，是体现运筹性的能力。创业者管理能力的培养要从经营、用人、理财等多个方面去努力。

4．创新能力

创新能力是创业能力的重要组成部分。创新是知识经济的主旋律，也是企业化解外界风险和取得竞争优势的有效途径。它包括两个方面的含义：一是大脑活动的能力，即进行创造性思维、创造性想象、独立思考及捕捉灵感的能力；二是创新实践的能力，即在创新活动中完成创新任务的具体工作能力。创新能力也是一种综合能力，与创业者的知识、技能、经验、心态等有着密切的关系。

二、提升创业者素质的方法

（一）提升心理素质的方法

1．培养独立能力

提升心理素质的方法

要想成为一个独立自主的人，我们首先要从内心深处认定自己能够独立，要认可自己，不要藐视自己；其次，要培养自己独立决策的能力，即按照自己的意志和思维做决策。需要注意的是，独立决策绝不能闭门造车、固执己见，而是要在学习一切有益经验的基础上独立思考、审时度势，同时开阔思维，透过现象看到本质。

为了保证决策的正确性，创业者应全面考虑事物的优点、缺点及重要性。因此在做决策前，创业者不妨先花一些时间写下自己所能想到的有关这一决策的所有好处和坏处、所涉及的利害关系、实施这一决策的后果及其连锁反应，以及明确该决策的目的，然后再去斟酌和决定。

2．提高自信心

提高自信心的方法有以下几种：

（1）肯定自己的优点和成就。一个人的自信心，往往是在成功实践的基础上，经过他人或自我的肯定，逐渐树立起来的。因此，我们可以经常想想自己的优点，回忆自己做过的成功的事，以帮助自己树立自信心。

（2）积累知识。知识能够赋予或增加我们的自信心。一个学识丰富的人，往往能够随时与他人谈笑风生。即使性格内向、少言寡语，也不会被他人轻视。因此，我们应努力提高自己的学识，广泛积累知识。知识的积累是一个长期的过程，不是一期一夕就能实现的，但只要我们持之以恒，总有一天会博学多才并无比自信的。

（3）做足事前功夫。在很多时候，做事没有自信，是因为对事情不了解，害怕出错和失败。如果充分了解要做的事，明确实施它的每一个步骤，以及出现问题时相应的解决方法，那么，你就不会害怕出错或失败了。因此，做足事前功夫，深入、细致地了解要做的事，详细询问过来人的经验，有不懂的地方立刻请教他人，会让你在处理这件事时信心倍增。

（4）敢于表现自己。现实中一些很有才华和见解的人，由于缺乏当众展示自己的勇气，遇事总是选择逃避。如此一来，他们不但会失掉很多机会，而且会给人留下胆小怕事的印象，自然得不到好评和重用，久而久之，他们就会变得唯唯诺诺、自卑胆怯。这从反面告诉我们，不管自己能否做好，都要敢于尝试，敢于表现自己，这样才能够给你带来自信和力量，甚至带来机会和成功。

3．提高胆量

人的胆量虽然与先天遗传因素有关，但也可以通过后天的训练来提高。提高胆量的方法主要有以下几种：

（1）多实践、多行动。多实践、多行动就是敢于做自己想做的事。在实践和行动中磨炼自己，培养自己临危不惧、泰然自若地应对各种突发事件的能力。

（2）做正确的事。当我们做一件事情的时候，内心经常会想：这件事情是有利于别人的还是有害于别人的。当你知道这件事是有利于别人的，是正确的，内心自然而然就会产生去做这件事的勇气。也就是说，坚持做正确的事是胆量的真正来源。要想做正确的事，我们就要学会明辨是非、善恶和对错。

（3）多和有胆量的人接触。正所谓"近朱者赤，近墨者黑"，经常与有胆量的人接触，学习他们的勇敢精神和大胆的行事方式，自己的胆量也会增强。

（4）适当挑战自己害怕的事。在道德和法律允许的范围内，在保证生命安全的前提下，我们可以适当挑战一下自己害怕的事。做完之后你会发现，很多事情并没有想象中那么困难。

4．培养毅力

坚强的毅力是创业成功的基础和保障。培养毅力的方法主要有以下几种：① 做事情要有始有终，不能因为遇到困难就轻易放弃；② 保持良好的心态，不要患得患失，也不要冲动莽撞，更不要消极被动；③ 做事情要专注，同时要抵制住外界的诱惑和干扰，避免三天打鱼、两天晒网；④ 做事情要有明确的目标和有效的计划，要一步一步地深入下去；⑤ 要学会反省，反省是寻找事物发展规律的方法之一，能够帮助我们找到正确的前进方向。

（二）提升道德素质的方法

1．培养诚信品质

培养诚信品质需要做到以下几点：① 认识诚信的重要性，明白诚信是各行各业生存的根本，坑蒙拐骗、以假乱真、以次充好的企业是不能长久经营下去的；② 以诚待人，努力做到言行一致、表里如一，做老实人、说老实话、办老实事；③ 以信立业，努力建立企业的良好信誉，要"言必信，行必果"。

什么是道德素质？

2．培养责任心

培养责任心需要我们从身边的小事做起，即在日常生活、学习及工作中不懒惰，不怕艰难困苦，敢于承担各种责任。例如，大学生应发奋学习学科知识和各种技能，增强从业或创业本领，对自己负责任；也应节省开销，尽力为父母减轻经济负担，对家庭负责任；还应力所能及地帮助有困难的同学和朋友，遵守公共秩序、保持公共卫生，对社会负责任。

3．提高法律意识

要想提高法律意识，首先，应学习法律，深入理解法律在现代社会中的重要作用。学习法律知识的途径有很多，可以从书本中学习，也可以从新闻媒体中学习，还可以从社会实践中学习。其次，应树立法律信仰。一个人只有从内心深处真正认同、信任和信仰法律，才会自觉遵守法律，自觉维护法律的权威。最后，应从身边的小事做起，以实际行动践行法律精神，如养成良好的行为习惯，遵守校纪校规，不侵犯他人隐私，不抄袭他人劳动成果等。

4. 养成节俭习惯

节俭习惯可通过以下几个方面来养成：① 积极行动，从我做起，从身边的小事做起，如在生活中爱惜粮食、不挑食、不剩饭；养成废物利用的习惯；晚上睡觉前切断电脑、饮水机等电器的电源；出门及时关灯、关水等。② 有计划地进行消费，如每年和每个月都提前做一个开支预算，等年底和月底看看花的钱和当初的预算是否吻合；遇到想买的东西时，先问一下自己是否真的有必要买，这笔钱是否在计划内。③ 不与他人攀比，不向家长提出过分的物质要求。

（三）提升专业素质的方法

1. 提高专业能力

任何一次成功的创业都是通过创业者在某个领域取得成就而实现的。要想在某个领域取得成就，就必须具备相当的专业知识，达到专业水平。因此，我们要努力学习目标创业领域的专业知识，提高自己的专业能力。具体来说，需要做到以下几点：① 选择自己喜爱的专业，并努力学好专业知识，为创业打好理论基础；② 在实践中不断提高专业技能，重视专业技术方面的经验积累和职业技能的训练。

社交能力的培养

2. 提高社交能力

提高社交能力的方法主要有以下几种：① 找出自己在社交上的困扰，以便对症下药，解决自身存在的问题。② 以包容的心态对待与你有不同想法的人，不要因为与对方"不投缘"就拒绝与其交往；遇到比自己能力强的同学、朋友，不要自卑，要学习他人的优点。③ 多读一些待人接物方面的书籍，以便了解和掌握一些社交心理和社交技巧。

3. 培养管理能力

培养管理能力的方法主要有以下几种：① 学会管理时间，分析自己每天的时间分配，排除那些不必要花费时间的事情，以及不必亲力亲为的事情后，通过改进办事方法提高时间管理能力；② 学会用人所长，每个人都存在缺点，真正优秀的管理者会根据人的长处来安排工作；③ 遵从要事优先原则，即集中精力优先处理重要的事情；④ 锻炼自己的信息收集和处理能力、观察能力，以达到能敏锐地洞察商机和挑战，并做出正确的决策。

管理能力的培养

4. 提高创新能力

大学生要想提高自己的创新能力，首先，应发展自己的个性、好奇心和求知欲，勇于突破前人经验和书本知识的束缚；其次，应积累广博的知识、扎实专业基础知识、熟练专业技能和丰富实践经验；最后，应保持积极、乐观的心态，不断勉励自己，永不言弃。

任务训练

一、小组讨论

中国的未来属于青年，中华民族的未来也属于青年。青年一代的理想信念、精神状态、综合素质，是一个国家发展活力的重要体现，也是一个国家核心竞争力的重要因素。

你如何理解上面这段话？请同学们 3～5 人为一组，就上述命题展开讨论，积极发表自己的见解。讨论结束后，教师可根据表 5-1 进行评分。

表 5-1　活动评价表

评分标准	满分	实际得分	备注
积极参与讨论	20		
能够提出独到的观点	20		
提出的观点具有合理性	20		
能够大胆表达自己的想法	20		
语言表达流畅	20		
总　分	100		

二、探索活动

测测你的创业素质

活动目的：

创业者要具备较强的心理素质、道德素质和专业素质。你具备这些素质吗？通过下面的活动，能够使你对自己的创业素质有一个基本了解。

活动内容：

（1）表 5-2 至表 5-12 是有关创业者素质的测评表，各表中的 A 栏和 B 栏均有一些表述。如果 A 栏中的表述更符合你自身的情况，请在其右侧的空格中填写 2（表示得 2 分）；如果 B 栏中的表述更符合你自身的情况，则在相应项目右侧的空格中填写 2。填写完毕后，对每栏的得分进行加总求和。

表 5-2　"独立自主"素质测评

A		B	
不惧怕问题，因为问题是生活的组成部分，会想办法解决每一个问题		发现解决问题很难，通常会害怕这些问题，有时干脆不想它们	
不会等待事情的发生，而是努力促使事情发生		喜欢随波逐流并等待好事降临	

（续表）

A		B	
总是尝试做一些与众不同的事情		只喜欢做擅长的事情	
在行动上很少受他人影响和支配，能将自己的主张和决策贯彻到底		在行动上会受他人影响，觉得对方意见好，就会按照别人的想法去做	
遇到困难时，会尽全力去克服困难		遇到困难时，会试图忘掉它们，或等待其自行消失	
总 计		总 计	

表 5-3 "敢于冒险"素质测评

A		B	
认为要在生活中前进就必须冒风险		不喜欢冒风险，即便有机会得到很大的回报也不愿意冒风险	
认为风险中也蕴含机会		如果可以选择，愿意以最稳妥的方式做事	
只有在权衡了利弊之后才会冒风险		如果认定一个想法，会不计利弊地去冒风险	
即使投资于自己企业的资金亏掉了，也愿意接受这样的现实		难以接受投资于自己企业的资金可能会亏掉的现实	
不论做任何事，就算对这件事有足够的控制权，也不会总是期待完全控制局面		喜欢完全控制自己所做的事情	
总 计		总 计	

表 5-4 "自信乐观、顽强执着"素质测评

A		B	
即使面对极大的困难，也不会轻易放弃		如果存在很多困难，就不愿意为某些事去奋斗	
不会为挫折和失败沮丧太久		挫折和失败对自己的影响很大	
相信自己有能力扭转局势		认为一个人能力有限，运气起很大的作用	
如果有人对自己说不，会泰然处之，并会尽最大的努力改变他们的看法		如果有人对自己说不，会感觉很糟，并会放弃这件事	
在危急情况下，能保持冷静并找出最佳的应对办法		当危机升级时，会感到慌乱和紧张	
总 计		总 计	

表 5-5　"诚实守信"素质测评

A		B	
言行相符，所做的即是心里所想的		所想的和表现出来的行为往往不相符	
在路上拾到钱包后会主动归还给失主		在路上拾到钱包后会据为己有	
乘坐公共汽车或地铁时从不逃票		常常为逃票而沾沾自喜	
对别人承诺的事情一定会做到		会经常因为某些原因而未能履行对他人的承诺	
认真完成老师布置的每一次作业		觉得作业完成得差不多就行，没必要追求精益求精	
总　计		总　计	

表 5-6　"责任心"素质测评

A		B	
在公交车上，见到老人上车会主动让座		在公交车上，见到老人上车视而不见	
外出时，若找不到垃圾桶，会把垃圾带回家		外出时，若找不到垃圾桶，随便找个隐蔽的地方将垃圾扔掉	
节省开销，尽力为家庭减轻负担		只要是自己喜欢的就会购买，从不考虑自身的经济实力	
经常帮助有困难的同学和朋友		很少帮助有困难的同学和朋友	
努力学习，不荒废大学时光		认为大学的学习不重要，经常逃课	
总　计		总　计	

表 5-7　"守法律己"素质测评

A		B	
有令必行，敢于担当		做事找借口，推卸责任	
在生活和学习中严格要求自己		差不多就行，从不严格要求自己	
严格遵守校纪校规		经常违反校纪校规	
熟悉法律，依法办事		不了解法律，做了触犯法律的事却不知情	
能控制自己的情绪、行为和习惯		不能控制自己的情绪、行为和习惯	
总　计		总　计	

表 5-8　"勤劳节俭"素质测评

A		B	
花钱有计划，合理分配每月的生活费		每月的生活费都不够花	
爱惜粮食，不挑食、不剩饭		经常将吃不完的饭菜扔掉	
出门前会关灯、关水		出门前经常忘记关灯、关水	
会有意识地节省开销		只要是自己喜欢的就会购买	
不与别人比吃穿		认为别人有的，自己也要有	
总　计		总　计	

表 5-9　专业能力测评

A		B	
热爱自己所学的专业		对自己所学的专业毫无兴趣	
努力学习专业知识和各种技能		学习不是首要的事，经常和同学逛街、上网、唱歌	
除了学习课本上的知识外，还经常参与课外实践		很少参与课外实践	
一次性通过各科考试，没有"挂科"的情况		偶尔会有"挂科"的情况	
精通自己所学的专业		对专业知识一知半解	
总　计		总　计	

表 5-10　社交能力测评

A		B	
能与别人沟通得很好		与别人沟通有困难	
很喜欢当众演讲		经常为自己的演讲水平不佳而苦恼	
喜欢结交朋友，参加社交活动		朋友很少，很少参加社交活动	
愿意做会议主持人		想到要做会议主持人就发怵	
喜欢在宴会上致祝酒词		不喜欢在宴会上说话	
总　计		总　计	

表 5-11　管理能力测评

A		B	
喜欢做大型活动的组织者		不擅长大型活动的组织	
做事情有计划，无论何时何地，都能有目的地行动		做事情没有计划，想到什么就做什么	
遇到事情能很快做出决定		会尽可能推迟做决定的时间	
能经常思考对策，扫除实现目标的障碍		很少进行思考和总结	
能严格约束自己的行为		不能严格约束自己的行为	
总　计		总　计	

表5-12　创新能力测评

A	B	
擅长讲笑话、说趣事	不擅长讲笑话、说趣事	
有想法，喜欢尝试新事物	从来不做那些"自寻烦恼"的事	
遇到问题能从多方面探索它的可能性，而不是一条道走到底	认为按部就班、循序渐进才是解决问题的方法	
不拘泥于一成不变的生活	喜欢传统的、稳定的生活方式	
总是想办法说服别人接受自己的观点	喜欢接受别人的观点，而不是说服他人接受自己的观点	
总　计	总　计	

你的得分：

　　将每项创业素质的总分分别填入表5-13中A栏和B栏对应的空格内，依据得分，在其右侧相应的空格内打"√"。如果A栏中你的某一项素质的得分为6～10分，说明它是你的强项，请在"强"下方的空格内打"√"。如果A栏中你的某一项素质的得分为0～4分，说明你相应的能力不太强，请在"不太强"下方的空格内打"√"。如果B栏中你的某一项素质的得分为0～4分，说明你的这项素质或能力有点弱，请在"有点弱"下方的空格内打"√"。如果B栏中你的某一素质的得分为6～10分，说明这一能力是你的弱项，请在"弱"下方的空格内打"√"。若A栏的得分高，说明你在创立和经营企业方面获得成功的概率比较大。

表5-13　创业素质评价表

素质	A	强 （6～10分）	不太强 （0～4分）	B	有点弱 （0～4分）	弱 （6～10分）
独立自主						
敢于冒险						
自信乐观、顽强执着						
诚实守信						
责任心						
守法律己						
勤劳节俭						
专业能力						
社交能力						
管理能力						
创新能力						

　　如果A栏的总分为60分或更高，说明你具备较高的创业素质。

　　如果B栏的总分为60分或更高，说明你需要对自己的弱项加以改进，将弱项转变为强项。

（2）自我测试后，请你的同学或朋友利用上面的表格再对你进行一次评价，并比较两次评价的结果，从而更加客观、准确地评价你的创业素质。

（3）以"我所具备的创业素质"为题目，写一份约800字的报告，要求写出针对自身不具备的创业素质的具体改进措施。

活动检测：

活动结束后，教师可根据表5-14进行评分。

表5-14　活动评价表

评分标准	满分	实际得分	备注
能客观准确地描述自己	30		
能针对自身问题提出有效的解决方案	30		
报告撰写认真，内容符合要求	20		
积极参与活动	20		
总　分	100		

三、能力训练

1. 自信心训练

（1）仔细回想一下成长过程中让你感到自豪的事，将其写出来，写得越多越好。写完后，按照你的自豪程度对这些事情进行排序，把你觉得最自豪的事情排在前面，然后逐个进行分析，同时问自己以下几个问题：① 在这件事中，我做了什么；② 在这件事中，我获得了什么；③ 在这件事中，我展现了哪方面的能力。

（2）举行一场演讲比赛。要求班级每个人都参加，演讲主题不限，演讲时间为5分钟。个人演讲完后，其他同学可根据演讲的内容进行提问。

比赛结束后，教师可根据表5-15进行评分。最后由教师根据评分与学生一起投票，选出班级最佳演讲者。

表5-15　活动评价表

评分标准	满分	实际得分	备注
积极参与活动	20		
表达能力强	20		
应变能力强	20		
表情自然、不拘谨	20		
语言表达流畅	20		
总　分	100		

2．毅力训练

（1）进行一些运动，如坚持每天跑步。

（2）到 10 家用人单位应聘，并总结求职经验和感受。

（3）时常少带钱或不带钱，以克制自己的消费欲望，体会俭朴、节约的生活。

（4）定期整理自己的衣物、生活用具等，培养勤劳的品质。

（5）为自己制订一份作息时间表，养成健康、规律的生活习惯。

3．专业能力训练

（1）努力学好自己的专业知识。

（2）多看一些与专业相关的书籍，以开拓自己的思维。

（3）多参与实践活动，并在实践的基础上不断学习创新相关的理论知识。

4．社交能力训练

（1）记住他人。记住他人是社交中的一项基本技能。在第一次见面后，记住他人的名字及爱好等，是对他人的尊重。在第二次见面时，若能直接叫出对方的名字，会让对方对你产生好感。

该活动的操作步骤如下：

① 教师将全班学生分组，每 5 人为一组。

② 各小组成员围成一个圈，任意一位同学先进行自我介绍，说出自己的名字和喜欢做的事情。然后，第二位同学进行自我介绍，但要先说出第一位同学的名字及爱好，再说出自己的名字及爱好，如："××喜欢×××，我是××，我喜欢××。"第三位同学要分别说出前两位同学的名字及爱好，然后再介绍自己。依次类推，最后做自我介绍的同学要将前面所有同学的名字和爱好复述一遍，再进行自我介绍。

活动结束后，教师可根据表 5-16 进行评分。

表 5-16　活动评价表

评分标准	满分	实际得分	备注
积极参与活动	25		
表达能力强	25		
能准确地说出其他同学的爱好	25		
语言表达流畅	25		
总　　分	100		

（2）欣赏与赞美他人。每个人都有自己的优点，都需要获得他人的欣赏和赞美。学会欣赏和赞美他人的优点，能够增进同学、朋友之间的感情，从而拥有良好的人际关系。

该活动的操作步骤如下：

① 教师将学生分组，每 10 人为一组，每组指定一位同学进行记录。

② 其他小组成员围成一个圈，先请其中一位同学站在中间，大家轮流说出他（她）的优点，并

赞美他（她）。

③ 进行记录的同学将大家的赞美写在事先准备好的本子上，每位同学所获得的"赞美"单独成页，每句赞美的话都单独成行，过后让说赞美词的同学在每一行后面签上自己的名字，并交给被赞美的同学。

活动结束后，教师可根据表 5-17 进行评分。

表 5-17　活动评价表

评分标准	满分	实际得分	备注
积极参与活动	30		
表达能力强	30		
能恰当地说出他人的优点	20		
能发自内心地赞美他人	20		
总　　分	100		

5．管理能力训练

（1）组织同寝室的同学进行一次座谈，制订出本寝室的规章制度。

（2）向校、院或系学生会提出倡议，组织一次以学习方法、就业或创业为主题的研讨会，并想办法联系校内或校外的专家列席指导。

（3）参加班级学生干部的竞聘，如果竞聘成功，就要利用职权为同学服务，如每个月至少组织一次集体活动。如果没有竞聘成功，也可以向班干部或全班同学提议，组织大家举办春游、会餐、舞会等活动。

6．创新能力训练

（1）将全班学生分成若干小组，每组 4～6 人。

（2）各小组从以下题目中选择一个题目，进行讨论。

A．某城市地铁里的灯泡经常被窃贼拧下偷走，不仅对公共财产造成了损害，还导致了一系列安全问题。接手此事的工程师不能改变灯泡的位置，也没有足够的预算，但他很快提出了解决方案。请问，他提出的解决方案是什么呢？

B．某小镇里有 4 家鞋店，它们销售同一系列、同一型号的鞋子。最近，这 4 家鞋店的鞋子总是被偷，而且其中一家鞋店丢失的鞋子是其他 3 家鞋店的 3 倍。请问，为什么会出现这种情况？该如何解决呢？

C．一个人以一千克 12 元的价格购进椰子，然后以一千克 8 元的价格售出，凭借这种做法他成了百万富翁。请问，这是怎么回事？

活动结束后，教师可根据表 5-18 进行评分。

表 5-18 · 活动评价表

评分标准	满分	实际得分	备注
积极参与讨论	20		
能够提出足够多的答案	20		
提出的答案具有合理性	20		
能够大胆表达自己的想法	20		
语言表达流畅	20		
总　　分	100		

四、影片推荐

《中国合伙人》是一部有关年轻人创业的励志故事片。该影片主要讲述了三个拥有共同梦想的年轻人从学生时代相遇、相识，一起打拼事业，共同创办英语培训学校的故事。他们在创业的过程中曾不被人看好，也遇到了很多困难，经历了很多磨难，但最终凭借努力获得了成功。

推荐同学们观看这部影片，看完影片后，请思考以下问题：

（1）电影中，成东青、孟晓骏和王阳为什么能创业成功？

（2）他们三个分别具有哪些创业者素质？

（3）结合影片，说说创业者的素质对创业成功的重要作用。

任务二　组建与管理创业团队

名人语录

好的领导者是靠判断力、靠制订和管理标准吃饭的。有什么样的判断就会有什么样的产品，有什么样的标准就会有什么样的人才。

——刘东华

问题导入

企业的创建者通常是一些有着共同愿景和价值观的人，怀着对梦想的渴望而走到一起，形成了最初的创业团队。他们通过对资源和生产要素进行重新组合，开发自己的产品或服务，以满足市场的需求。在进行下面的学习之前，请同学们思考以下问题。

（1）为什么投资者特别重视团队建设？

（2）组建团队只需找到志同道合的人吗？

（3）组建创业团队应该注意什么？

知识链接

一、创业团队的概念

创业团队是指在创业初期（包括企业成立前和成立早期），由一群才能互补、责任共担且愿意为共同的创业目标而奋斗的人所组成的特殊群体。

二、创业团队的组建

（一）创业团队的组成要素

创业团队的组成要素主要包括目标、人、定位、权限和计划。

1. 目标

创业团队应该有一个既定的共同目标，以此来为团队成员导航。没有目标，这个团队就没有存在的价值。目标在创业企业的管理中通常以创业企业的远景、战略等形式体现。

2. 人

人是创业团队最核心的组成要素，创业的共同目标是通过人来实现的。不同的人通过分工共同完成创业团队的目标，如有人出主意，有人定计划，有人实施，有人协调，有人监督创业团队的工作进展，有人评价创业团队的最终贡献，等等。因此，团队成员的能力、性格等因素是创业者组建创业团队时需要重点考虑的方面。

3. 定位

创业团队的定位包含以下两层意思。

（1）创业团队在企业中处于什么位置，由谁选择和决定团队的成员，创业团队最终应对谁负责，创业团队应采取什么方式激励下属。

（2）每个团队成员在整个团队中应扮演什么角色。

4. 权限

权限是指为了实现创业团队中成员之间的良好合作，所赋予的每个成员的权力。在创业活动中，创业团队将面临多变的市场环境和复杂的管理事务，每个团队成员都需要承担一定的管理事务，所以需要拥有一定的权力，以便能够在特定的条件下进行决策。在团队中合理分配权力有利于提高团队的运作效率。

提 示

创业团队中领导者权力的大小与其团队所处的发展阶段相关。一般来说，在创业团队发展的初期，领导者所拥有的权力相对比较集中，随着创业团队逐渐成熟，领导者的权力则逐渐分散。

5. 计划

计划是指创业团队未来的发展规划，也是目标和定位的具体体现。在计划的帮助下，创业者能够有效制订创业团队的短期目标和长期目标，能够提出有效的实施方案及实施过程中的控制和调整措施。

需要注意的是，这里所讨论的计划尚未达到商业计划书的复杂程度，但是，从团队的组建和发展过程来看，计划的指导作用自始至终都是存在的。

（二）组建优秀创业团队的要求

组建创业团队的关键在于团队成员是否有共同的目标与信念，能否齐心协力朝着目标不断努力和前进。因此，要组建一个优秀的创业团队，团队成员之间必须满足以下几点要求。

1. 彼此了解

创业团队的所有成员都应该相互了解，清醒地认识到自身的优势和不足，并清楚知道其他成员的长处和短处。这样能够避免团队成员之间因为互相不了解而产生各种矛盾，从而强化团队的向心力和凝聚力。

2. 权益分配合理

在最初创业时，要把最基本的责、权、利界定清楚，尤其是股权和个人利益分配。这样在企业发展壮大后，才不会出现因利益分配问题而产生纠纷。

3. 目标相同，理念一致

创业团队中的所有成员都必须认同大家共同确定的创业目标、分配制度、管理制度、企业发展战略、经营理念和企业文化等，都必须保持对企业长期经营的信心，并为之而努力，如图 5-1 所示。倘若彼此都忙着各自的事情，没有共同的目标，没有协作和交流，整个团队就会如同一盘散沙，成员士气降低，甚至发生更严重的团队解散情况。

图 5-1　目标一致

4. 取长补短，相得益彰

成员之间能否实现优势互补是创业团队能否保持稳定并发挥出最大力量的关键。因此，创业者在寻找团队成员时，首先要弥补当前人员能力上的不足，即针对当前人员能力的欠缺，寻找具备该能力的人才。好的创业团队，各个成员间的能力通常能形成良好的互补，而这种能力互补也会强化团队成员间彼此的合作。

📖 知识拓展

优秀创业团队的组成

一个优秀的创业团队应包括以下几种人：

（1）一个很好的"领袖"。此人必须能够高瞻远瞩，能够为企业制订明确的战略、战术；必须有很好的人品，办事公正，能够服众；必须具有很好的协调能力，能够及时化解团队成员之间的矛盾，凝聚起团结的力量。

（2）一个很好的"管家"。此人主要负责企业的日常运营及各项规章制度的制订。由于企业的日常事务非常琐碎，因此，此人必须心思缜密、认真细致。

（3）一个很好的"财务总管"。资金是企业的生命线，因此，创业团队中应当有一个业务能力较强的财务人员。此人必须能合理地安排企业收支，帮助企业融资。

（4）一个很好的"营销总监"。我们经常说，产品是基础，营销是龙头。如果营销不行，产品就不能带来收益，企业就会面临倒闭。

此外，如果创业企业是一个技术类企业，还需要一个很好的技术专家。此人能够帮助企业不断更新技术或产品，始终带领企业走在行业发展的前沿。

资料来源：https://wenku.baidu.com/view/139d66585022aaea998f0fb4.html，有改动

三、创业团队的管理

创业团队的管理重点是在维持团队稳定的前提下，发挥团队的多样性优势。有效的团队管理能使具有不同能力、不同个性的人组成一个相互协调，且有共同目标的整体；能发挥出每一个人的才能，使团队能够不断革新、发展和进步。一般来说，管理创业团队可以从以下几个方面进行。

（一）打造创业团队的核心力量

1. 重视团队精神

团队精神是各个成员的精神支柱，是创业成功的基石。和谐向上的团队精神能充分调动各个成员的团队意识，使其相互理解和支持，为实现彼此共同的目标而努力。一个没有团队精神的团队或企业，其一切美好的想法和愿望都将成为"零"；一个没有团队意识的员工，无论学历有多高、技术有多精，对企业来讲也是"零"。只有具备团队精神，创业团队才能形成向心力、凝聚力，才能产生创造力。

2. 培养团队精神

（1）培养团队成员的敬业精神。敬业精神要求创业者具有"三心"，即耐心、恒心和决心。任

何事情都不是一蹴而就的，团队成员不可只凭一时的热情做事，也不能在情绪低落时马马虎虎、应付了事。尤其在创业初期，每个团队成员都要勇敢地面对并解决困难，而不是一遇到困难就退缩。

（2）建设学习型团队。每一次的团队讨论，都是团队成员思想不断交流、智慧火花不断碰撞的过程。如果团队中的每一个成员都能把自己掌握的新知识、新技术、新思想与其他团队成员分享，团队的学习能力就会大于个人的学习能力，集体的智慧势必大增，从而达到"1+1>2"的效果。

如何培养团队精神？

（3）建设竞争型团队。团队成员之间必须具有竞争意识，要敢于正视自己和面对强手。建设竞争型团队，首先要鼓励各个成员努力提高自身的水平和技能，从而高效地完成团队任务；其次，要建立内部竞争机制，但要注意，竞争必须是理性的、良性的，要避免恶性竞争或斗争。协作是团队的核心，要用争论来激活团队的气氛，激发成员的竞争意识；要以发展来吸引人，以事业来凝聚人，以工作来培养人，以业绩来考核人，用有情的鼓励和无情的鞭策让团队的每个成员都能以积极的心态工作，追求实现自我和超越自我，从而最大限度地发挥团队的实力。

3. 塑造团队文化

团队文化是指团队成员在相互合作的过程中，为实现各自的价值和团队的共同目标而形成的一种潜意识文化。它包括团队在发展过程中所形成的价值观、最高目标、工作方式、思维习惯、管理制度、行为准则和道德风尚等内容。

正所谓"人在一起不叫团队，心在一起才叫团队"，团队文化会影响整个团队的精神、意志、情绪、凝聚力和效率，因此创业者必须重视团队文化的建设。通常来说，一个良好的团队文化应满足"换位、沟通、信任、慎重、愉悦"五个基本要素：

（1）换位。团队成员之间要能够换位思考，相互尊重，彼此理解，否则，一个团队将无法正常运行；团队的管理者要能够为团队创造一种和谐的氛围，确保团队成员能够站在对方的角度上考虑问题，认可彼此的技术和能力，尊重彼此的意见和观点，承认彼此对团队的贡献，从而使团队的工作更有效率。

（2）沟通。沟通是维系团队成员之间关系的一个关键要素。因此，有什么话不要憋在肚子里，多与同事、员工交流，让对方多了解自己的真实想法，这样可以避免许多无谓的误会和矛盾。尤其是团队的管理者，要致力于创造民主、平等的团队氛围，以使各成员能够畅所欲言，从不同角度提出不同的意见和方案，进而帮助团队进行更加科学和合理的决策。

（3）信任。团队成员间要相互信任，彼此相信各自的品格和工作能力，并相互帮助和支持。管理者要保证组织的透明度和公开性，以民主的管理作风、自主的工作环境，使成员之间能够坦诚、开放地相处。

（4）慎重。在团队合作中，每个团队成员都要秉持谨慎、认真、负责的态度，遇到事情要冷静对待，尤其是遇到问题和矛盾时，要保持理智，不可冲动。因为冲动不仅不能解决问题，反而会使问题变得更糟，最后受损失的还是整个团队。

（5）愉悦。每个团队成员都要保持乐观向上的心态，在工作中充满热情与活力，这样才能构建起一个团结、友爱、有朝气的团队。

（二）设置创业团队的组织结构

设置创业团队的组织结构时，必须以团队的战略任务和经营目标为依据。具体来说，要注意以下几点。

1. 权责分明

团队的任何一项工作都离不开团队成员的配合，只有互相协作，才能顺利开展工作。对于初创的创业团队来说，人员分工一般都比较粗放，很多事情不分彼此，往往是一起决策、共同实施。此时一定要注意权责分明、落实责任，避免出错后团队成员互相推诿，进而产生矛盾。

2. 分工合理

团队成员的分工一般按照个人能力、专业优势等标准进行，以便合理、均衡地分配工作的任务量。值得注意的是，分工并不是越细越好，因为分工过细会导致工作环节的增加，进而引起工作流程的延长，从而削弱分工带来的好处。

3. 适时联动

适时联动是指为了完成特定任务，成立打破部门分工、跨越部门职能的专门工作小组。该小组成员具有双重身份，既要向本部门主管汇报工作，又要对跨部门小组负责。这种模式适用于已经具有一定规模的创业企业。

创业初期，由于企业规模较小，团队成员只需各司其职，就可以保持企业平稳运行。但随着企业规模的不断扩大，尤其是在新产品更新速度不断加快时或处理一些重大项目时，若缺乏全盘的统筹和协调，就会造成企业运转困难。因此，对于具有一定规模的创业企业来说，设立一个专门负责新项目或一些重大项目的跨部门小组是非常有必要的。

（三）优化创业团队的运作机制

1. 做好决策权限分配

创业团队内部要妥善处理各种权力和利益关系，确定谁适合从事何种关键任务和谁对关键任务承担什么责任。在治理层面，主要解决剩余索取权和剩余控制权的问题。同时，还必须建立进入机制和退出机制，约定以后团队成员退出的条件和约束，以及股权的转让、增股等问题。

初创团队合理股权结构
是怎样的？

> 💡 **提　示**

> 剩余索取权是对企业税后净利润的终极所有权和分配权。
> 剩余控制权是资产所有者在不违背先前的契约、惯例或法律的前提下可以决定资产所有用途的权利，即对初始契约没有明确规定的或然事件出现时做出相应决策的权利。

在创业团队的管理层面，其最基本的工作原则有以下三条：一是平等原则，即制度面前人人平等；二是服从原则，即下级服从上级，行动要听指挥；三是秩序原则，即不能随意越级指导，也不能随意越级请示。虽然大学生创业团队内部的管理界限没有那么明显，但一定要厘清决策权限，做到有权有责。

2. 合理分配员工利益

创业团队需要妥善处理团队内部的利益关系。大学生创业资金的筹措本来就是难题，分配就更应合理。团队的管理者要认真研究和设计整个团队的报酬体系，使之具有吸引力，并且使报酬水平能够反映出团队成员的贡献水平，还要注意不能受人员增加的影响。简单来说，就是能够保证按贡献付酬和不因人员增加而降低报酬水平。

3. 建立业绩评估体系

业绩考核必须与个人的能力、团队的发展、扮演的角色和取得的成绩结合起来。传统的绩效评估体系和绩效管理只关注个人绩效，而没有考虑个人绩效与团队绩效的结合。造成这种状况的原因多种多样，包括评估不及时、各方意见不统一、评估标准不明确、掺入了情感因素、忽略了被评估人的绩效给他人带来的影响等。成功的绩效管理不应只注重个人的绩效，应更加注重团队的整体表现。这样才能让员工充分意识到团队合作的重要性，从而不断地进行自我调整，以适应不断变化的环境和业务发展。

什么是绩效考核体系？

任务训练

一、小组讨论

三国时期，相比魏国和吴国，蜀国可以说是依靠创业团队建立起国家的特例，刘备、关羽、张飞在小说《三国演义》中被打上了鲜明的个人标签。从创业团队的角度看，蜀国这个团队到底是成功的还是失败的呢？请同学们就此问题展开讨论。

活动结束后，教师可根据表5-19进行评分。

表5-19　活动评价表

评分标准	满分	实际得分	备注
观点新颖	25		
分析透彻	25		
逻辑清晰	25		
语言流畅	25		
总　分	100		

二、能力训练

（1）如果你是一个团队的领导者，你将如何组建一支优秀的创业团队？请从以下几个方面进行描述：

① 创建企业的类型、经营范围和客户群。

② 团队中每个人的特长和工作职责。

③ 每个成员在创业过程中将如何做到相互配合。

活动结束后，教师可根据表 5-20 进行评分。

表 5-20　活动评价表

评分标准	满分	实际得分	备注
岗位设置合理	30		
员工职责明确	30		
员工之间能相互配合	40		
总　分	100		

（2）假设你创办了一家小型公司，雇用了 4 名员工（2 名全职、2 名兼职）。4 名员工都很可靠，工作能力也很强，但有一名全职员工经常迟到，还总是请假。这不仅影响了其他员工，还影响了整个公司的管理。你该怎么办呢？请给出解决方法。

活动结束后，教师可对学生进行评分。评分的标准是，提出的解决办法越多、越具有可行性，得分越高。

项目实训——案例分析

案例 1　三个大学生的艰辛创业路

在城阳有这样三个人，他们怀揣着梦想在大学相遇，后来成为好友，并一起走上了"创业路"。现在，三个人也算小有所成，可是用他们自己的话说，这条"不归路"才刚刚开始。

三个大学生组团走上创业路

许振、闫志伟和刘福是青岛理工大学琴岛学院的学生。刘福在土木工程系主修工程管理，是创业项目的发起人，在公司主要负责工地施工业务；许振和闫志伟在设计系主修室内设计，两人不仅是同班同学，还是室友，在公司主要负责设计业务。

一天，怀揣着创业梦想的刘福找到了设计系成绩优异的许振和闫志伟，希望他们能和自己一起创业。提到为何决定创业这个问题时，许振笑着说："当时就在我们宿舍谈的，我想他是一个挺靠谱的人，做事也很周到，不管成与不成，都一起试试吧！就这样走上了这条'不归路'。"之后，他们成了合伙人，接着又从学校财务管理专业招募了一位同样有创业梦想的小伙伴，共同成立了一间室内设计工作室。

骑自行车"零装备"就敢跑客户

创业初期肯定是艰苦的，尤其是对几个毫无社会经验的大学生来说。闫志伟说，那时候他们着实办了很多现在想来挺傻的事。例如，有一次，某社区回迁房项目一竣工，他们就到处打听哪天给业主交钥匙，到了那天就蹬着自行车跑去"拉项目"。但是，在和那些有装修需求的业主沟通时，业主们觉得他们是大学生，没有经验，根本不给他们机会。

许振说，刚创业的时候，为了省钱，很多苦力活都需要自己干。"虽然我主要负责设计，但刘福在工地上忙不开时，我就会过去帮忙。一张 2.4×1.2 米的木工板，请搬运工搬的话，要按照楼层收费，一层楼就要十块钱，瓷砖也是一样。当时我们就觉得，自己搬上五楼，一趟就能省五十块钱，够吃好几顿饭了！干脆就自己搬了。因为经常搬这些建材，我们每个人的手上都长了老茧。现在想想，才发现自己当时那么'抠'。"

同时干 20 多个工地，一年下来三人全瘦了

创业的前两个月，三个人每天都出去"拉项目"，但是一个客户都没有拉到。后来，他们集中力量在黄家营社区拿下了一个项目，项目完成后，得到了客户的认可。刘福回忆："那是最让人兴奋的一段时间，每天都有客户来找我们装修，最后，那个单元 20 多个住户的装修项目我们都接了。"

于是，他们开始起早贪黑地忙碌起来：每天早上 6 点到工地，晚上 10 点回宿舍，回宿舍以后还要设计图纸、算价格，每天忙得只能吃上一顿饭。许振说，那时候虽然每天都很累，但心里感觉很踏实。就这样奋斗了一年，三个人都瘦了，许振和闫志伟瘦了十几斤，刘福瘦了 20 多斤。

"我们还在路上，想开大公司"

现在，三个人已经成为学校里的创业明星。谈及自己的理想，三个人肯定地告诉记者，他们的理想"在更远的路上"。闫志伟说："最近看了《中国合伙人》那部电影，影片里的很多场景都能让我产生共鸣，且现实比电影更加残酷。这一年来，我们赚过钱，也赔过钱，吃过苦，也走过弯路，现在公司虽然发展起来了，但还属于小公司，缺乏人才和完善的管理制度，面临着发展的瓶颈。"

刘福说："最近，我们连续五天晚上都聚在一起开会，思考未来的发展方向。我们想扩大公司的规模，还曾开玩笑地憧憬着等我们把公司做成国内最好的生态装饰大品牌的时候，谁来做华北地区的总裁，谁来做华南地区的总裁。近期公司也会增资，以便接下来能接到更大的工程项目。"

他们还表示，希望公司能为社会和学校做出更多贡献，如将来公司可以作为学校设计系的实习基地，为更多有创业梦想的学生提供帮助。

讨论：

（1）这三个创业者具备了什么样的创业素质？

（2）如何评价他们的创业团队和管理？

（3）从他们的故事中你学到了什么？

案例 2　三个大学生拍毕业照赚钱，两个月入账 40 万

如今，千篇一律的毕业照已经无法满足追求个性的大学生的需求了。在毕业季即将来临之际，安庆某学校的学生杨某、姚某和宋某发现了拍摄"创意毕业照"这一商机，仅用了两个月时间就赚了 40 万元，获得了巨大的回报。

每年的四五月份是学校毕业生集中返校进行论文答辩和拍摄毕业照的时候。在这段时间里，杨某每天早上都会被电话叫醒——毕业班的同学纷纷找他咨询和联系拍照事宜。他们的摄影团队从早上 7 点半开始，按照流程单上的班级逐个为其拍摄毕业照。想创意、摆造型，每天都从日出拍到日落，晚上还得分类整理照片及拍摄所需的服装，整理完后已将近凌晨，但整个团队还要商量第二天的工作安排，凌晨一两点才能睡觉。"这段时间，整个人感觉像打了鸡血一样，完全感觉不到累。"杨某说道。

毕业季开始后，杨某团队所在学校的 100 多个毕业班级中，有 73 个班级找他们拍毕业照。杨某

的团队不仅为他们提供拍照的服装，还负责将照片制作成相册或其他形式的纪念品。此外，他们还承担班级毕业聚会的拍摄任务。"我们提供的是一条龙服务，每帮一个班级拍摄完，都累到不行。"杨某说。最忙的时候，他们一天能拍十几个班级的毕业照。

但让杨某团队感到欣慰的是，不到两个月的时间，团队就挣了30多万元。除了在自己的学校拍摄，他们还到邻校去拍摄毕业照，又挣了10多万元。"虽然拍摄异常辛苦，但这是我人生的第一桶金，我感觉非常值得。"杨某说。

随着毕业季的离去，杨某团队的生意也迎来淡季，但他们却想到了一个"新点子"。去年，杨某的团队给毕业10年后回到母校的校友提供过拍照服务。今年他们从中受到启发，想到了"校友服务"这一新业务，于是把业务范围从"在校时"拓展到了"毕业时"和"毕业后"，摇身一变，成为校友们的"回校接待员"，为他们提供衣、食、住、行、游、购、娱等一条龙服务。

资料来源：https://china.huanqiu.com/article/9CaKrnJMdGl，有改动

讨论：

（1）这三位创业者是如何发现创业机会的？

（2）如何评价这三位创业者的创业团队和管理？

（3）从他们的故事中你学到了什么？

案例3　三个"90后"上演长春版"中国合伙人"

在电影《中国合伙人》中，三个有志青年因为拥有同样的梦想而一起打拼事业，共同创办英语培训学校，最后梦想实现，功成名就。在长春，有三个"90后"也上演着"中国合伙人"的故事，他们合伙开了一家科技公司，目前正在研发一种智能激光清雪设备，还梦想着有一天公司能上市。

创业梦——三个"90后"组成"中国合伙人"

郑某，女，1991年生；小宿，男，1993年生；刘某，男，1991年生。其中，郑某有过在世界500强企业工作的经历，另外两名男生则有过海外留学经历。郑某跟小宿是多年的好朋友，而小宿和刘某则是同学。三个人有着共同的创业梦，在创业梦的激励下，他们成立了一家科技有限公司，组成了"中国合伙人"。

三个人中，郑某性格最爽朗，但骨子里却没有两位男生大胆、纯粹。"跟他们俩接触，我的思想转变挺大的。"郑某坦言，她以前做事情，总是先考虑赚钱，"物质方面会在意得多一些"，但小宿和刘某聊的都是"回馈社会""改变世界"这些激情澎湃的话题。

创业初——生意陷入困境，一起喝酒三天

创业之初，他们有着共同的想法：引进国外较为先进的技术，再通过创新将其变成对国内真正有意义和价值的产品。他们研发的第一款产品是车载健康枕。资金是创业中遇到的最大难题，三个人倾囊而出，凑了近40万元作为公司的启动资金。但当第一批产品投入生产前，资金链却断了。三个人只好再凑，两个男生去跟朋友借钱，郑某则把房子抵押到银行去贷款。他们想的是，产品生产出来之后，两三个月资金就能回笼，借的钱就可以还上了。

但由于对市场了解不够，健康枕生产出来之后，销量跟他们预想的差得很远，价格也达不到预期。产品销不出去，资金全押在里面，生意陷入了困境。"那一刻，我们三个真想坐在地上哭啊，"郑某说，"我们在一起喝了三天的酒，把一桶10斤的酒全喝光了。"发泄完后，三个人又重新上路。"我们从没动摇过，在一起聊也是总结经验，研究怎么把东西卖出去。"郑某说。

创业帮——生意不错，感情仍然很好

关于合伙创业，三个人最担心的就是会出现"哥们儿式合伙，仇人式散伙"的情况。"生意没做成，朋友还掰了，这是我们最不愿看到的结果。"郑某说。

如今，他们共同创业已经有几年时间了，生意不错，感情仍然很好。郑某性格比较直，有什么说什么；刘某性格比较急躁，但一般不发火，比较严谨；小宿性格平和，有耐心，能包容人。"我们经常一起工作到很晚，而且总是说说笑笑的，很开心，感觉像在一个宿舍生活一样。"郑某说。

创业路——正在研发激光清雪设备

目前，三个人正在开展一项新业务。小宿是技术负责人，他介绍了他们目前研发的智能激光清雪新技术。小宿说，长春的冬天雪很大，机械除雪会对路面造成破坏，而且融雪剂对路面及树木也有伤害。他们研发的智能激光清雪设备，激光束离地 50 厘米即可清雪。它的优势如下：① 能耗小，只相当于一个电吹风；② 不需要任何融雪剂，不会对路面造成任何破坏；③ 能解决机械清雪解决不了的问题，可以清除冰雪混合物；④ 可以清除电线杆上的纸质小广告及外墙上的涂鸦等。更令人激动的是，目前能将激光清洁产业化的只有法国、德国和美国三个国家，因此这项技术在全世界范围内都是非常先进的。而现在，这项技术已经在国内通过认证，样机很快就会制造出来。

创业经——创业要跟着政策走

创业半年后，三人将公司搬入了创业园，这时他们才发现之前走了不少弯路。"我们开始创业的时候，只知道埋头苦干，不知道政府的政策，后来才发现走了不少弯路。"郑某说。进驻创业园之后，他们享受到了价格较低的房租，后来还向政府申请了房租减免。另外，政府有关部门还帮助他们申请了一些创业贷款，进行了一些业务指导，这些都是他们之前不知道的。

资料来源：https://tieba.baidu.com/p/2444412949?red_tag=1226202070，有改动

讨论：

（1）这三个创业者具备了什么样的创业素质？

（2）他们在创业过程中遇到了什么样的困难？是如何克服的？

（3）从他们的故事中你学到了什么？

项目六

管理创业资源，学会创业融资

自我思考

　　创业资源是创业企业开办和发展的基础要素，如何正确识别、获取和利用创业所需的资源是创业能否成功的关键。充足、有效的创业资源，不仅能提高创业企业的竞争力，还能为企业的长期发展提供助力。

　　请同学们想一想：创业所需的资源有哪些？企业该如何获取其不具备的某些创业资源？

学习目标

知识目标：

- 熟悉创业资源的概念、种类和来源，掌握创业资源的获取途径。
- 了解创业资源开发和整合的内容，熟悉创业资源的整合过程。
- 熟悉融资的概念和渠道，掌握创业融资的选择策略。

能力目标：

- 能够根据实际情况分析创业所需的资源。
- 能够开发和整合创业资源。
- 能够根据实际情况估算创业所需的资金，并选择合适的融资渠道。

素质目标：

- 打破思维定式，自觉培养资源开发和整合能力。

项目导入
XIANGMU DAORU

"免费送睡衣"活动

　　某初创公司推出了一款睡衣，每件标价99元，在同类商品中并不占有价格优势。为了能够卖出这款睡衣，他们使用了与众不同的销售方式：他们事先准备了1 000万件睡衣，并表示所有消费者只需支付20元的快递费即可免费领取，且支持货到付款与退货。消息一出，人们将信将疑，但看到同一时段竟然有上百家网站为他们打广告，其中不乏一些大型网站，于是有人抱着试试看的心理下了单。结果几天后，他们真的收到了睡衣的快递，打开后发现睡衣质量还不错。于是一传十，十传百，1 000万件睡衣很快一扫而光。

　　很多人会觉得这家公司在赔钱赚吆喝，其实不然。这家公司先向服装加工厂下发订单并支付了定金，服装厂则给予了该公司低于其他上游厂商的成本价——8元。之所以成本价可以压得这么低，一方面是因为这种睡衣款式简单，很省布料，另一方面则是因为订单数量巨大。

　　随后，这家公司又与一家快递公司达成协议，他们将这1 000万件睡衣的快递业务全部交给该快递公司，要求快递公司给予一定优惠。由于这种睡衣很轻，一个信封就能装下，于是，快递费以每件3元的价格成交。

　　最后，这家公司与各大网站协定，只要顾客通过网站链接下单一件睡衣，网站就可获得1元的提成。于是，所有网站都帮着该公司打广告。

　　所以，这家公司每"送"出1件睡衣，就可获得8元的毛利，这次"免费送睡衣"活动让他们获得了8 000万元的毛利。

资料来源：https://jinshuju.net/f/hMMpjp?from=groupmessage，有改动

任务一　认识创业资源

名人语录

　　如果大环境和小环境都自己去建设的话，我自身的能力和实力不具备。创业时我们只有一个简单的想法，就是我把自己有限的资本或者力量聚集到一件事情上——如何去塑造品牌，其余的交给社会来完成。

——周成建

创业不是引"无源之水"、栽"无本之木"。创业需要资源，每个创业者都必须拥有一定的资源才能开始创业。但是，很多创业者在创业初期都会面临资源不足的问题，因此，如何获取资源就成为他们亟待解决的问题之一。在进行下面的学习之前，请同学们思考以下问题。

（1）创业资源包括哪些？
（2）怎样获取创业资源？

知识链接

一、创业资源的概念

创业资源是指企业在创立及成长的过程中所需要的各种生产要素和支撑条件，是创业企业在创造价值的过程中所需要的特定资产。

对于创业者来说，只要是对其创业项目和创业企业的发展有所帮助的要素，都可以归入创业资源的范畴。创业者既要善于积累个人资源，也要善于创造性地整合外部资源，从而为创业创造良好的条件。

二、创业资源的种类

（一）人力资源

人力资源包括创业者及其创业团队成员的知识、技能、经验、视野和愿景等，以及创业者本身的人际关系网络。创业者是创业企业最重要的人力资源，其价值观念和信念是创业企业的基石，其所拥有的人际关系网络还能使企业获取大量的外部资源。由于企业之间的竞争主要是人才的竞争，因此，高素质人才的获取和开发成为创业企业可持续发展的关键因素。

（二）资金资源

资金资源既包括创办企业所需要的启动资金，也包括企业转型或发展所需要的资金等。一般来说，在创业初期及时筹集到足够的资金，是企业成功创办和顺利经营的前提条件。

（三）信息资源

信息资源是指创业企业在经营管理过程中所需要的一切文件、数据等信息，如行业概要、项目交易数据、供求信息、调研报告、经济数据、相关科研数据等。

（四）技术资源

技术资源包括关键技术、制造流程、生产工艺等。技术资源一般与物质资源结合使用，部分技术资源还会形成企业的无形资产。创业企业可通过法律手段保护其技术资源。

（五）物质资源

物质资源是指创业企业经营所需要的各种有形资源，如场地、设施、机器设备、原材料等。在某些情况下，一些自然资源（如矿山、森林等）也可能会成为创业企业的物质资源。

（六）组织资源

组织资源主要是指企业的组织架构、生产机制、决策体系、管理体系，以及正式或非正式的计划体系等。

三、创业资源的来源

创业资源主要有两个来源：一是来自内部积累，这类资源被称为自有资源；二是来自外部的机会，这类资源被称为外部资源。自有资源是创业者自身所拥有的可用于创业的资源，如自有资金、自有技术、自己获得的创业机会信息、自建的营销网络、自己控制的物质资源等。外部资源包括其他企业的资源和公共资源。

四、创业资源的获取

获取创业资源的途径分为市场途径和非市场途径两大类。当创业所需资源有活跃的市场时，创业者可以采用市场途径获取，其他情况下则可以采用非市场途径获取。

（一）通过市场途径获取创业资源

通过市场途径获取创业资源的方式包括购买和联盟两种。

（1）购买，是指利用资金资源通过市场购入的方式获取资源。这种途径可用于获取厂房、设备等物质资源，关键技术、专利等技术资源，聘请有经验的员工，等等。需要注意的是，某些知识，尤其是隐性知识可能会附着在物质资源上，此时可通过购买物质资源（如机器设备）而获取。

（2）联盟，是指通过联合其他组织，对一些难以自行开发的资源进行共同开发，从而获取资源。联盟的前提是联盟双方的资源和能力互补且有共同的利益，并能够对资源的价值和使用达成共识。

（二）通过非市场途径获取创业资源

通过非市场途径获取创业资源的方式包括资源吸引、资源积累等。

（1）资源吸引，是指发挥无形资源的杠杆作用，利用创业企业的创业计划和创业团队的声誉，通过对创业前景的描述来获得或吸引物质资源、技术资源、人力资源和资金资源等。

（2）资源积累，是指利用企业现有资源，在企业内部通过建造、开发、培训等方式形成所需资源。其主要包括自建厂房、设施，在企业内部开发新技术，通过培训来增加员工的知识和技能，通过企业的自主经营获取资金，等等。

任务训练

一、案例分析

上网查阅 2～3 个创业失败的案例，分析他们创业失败的原因，重点分析他们在创业资源方面存在的问题。

二、能力训练

假设你是一名即将毕业的学生，准备毕业后自主创业。请根据你选择的创业项目，分析以下问题：

（1）对所选创业项目进行详细分析，从市场、资源、效益等角度论证其可行性。

（2）写出创业所需的资源，并列明其中需要持续获取的资源。

（3）写出拟采用的获取资源的途径和方法。

分析完毕后，教师可根据表 6-1 进行评分。

表 6-1　活动评价表

评分标准	满分	实际得分	备注
创业项目合适，论据充分	30		
能准确列出创业所需要的资源	30		
能正确列出获取资源的途径和方法	40		
总　分	100		

任务二　管理创业资源

名人语录

一个企业 98% 的资源都是整合进来的。

——牛根生

? 问题导入

创业资源的开发和整合伴随着整个创业过程。在企业创业初期，创业资源多是零散的，因此，创业者需要整合各种创业资源，以使它们发挥最大的价值。在进行下面的学习之前，请同学们思考以下问题。

（1）创业者应如何有效地开发和整合人力、技术、财务等资源？

（2）创业者应如何创造性地整合外部资源？

知识链接

一、创业资源的开发和整合

创业者需要开发与整合的资源包括人力资源、信息资源、资金资源、技术资源等。

想创业，你准备好了吗？

（一）人力资源

人才是创新之源，是企业最核心的竞争力。现代企业的竞争，归根结底是人才的竞争。而要吸引、留住人才，就必须在尊重人才的价值上下功夫。因此，企业应根据自身发展情况，建立合适的人力资源管理体系，具体内容如下：

（1）建立完善的企业薪酬制度，以吸引和激励人才。

（2）建立培训机制，使人才发挥出最大的潜能。

（3）善待员工，既要给予其物质上的激励，也要给予其精神上的鼓励。

（4）要用人所长，将人才安排在最合适的岗位上。

（5）各部门的分工应尽可能明确，避免出现交叉。

（二）信息资源

当今社会，信息资源对于很多创业者来说非常重要，创业者应当像管理其他创业资源一样对信息资源加以整合。创业者在做决策时，要充分利用整合后的信息资源，综合考虑政府、行业、竞争对手、合作伙伴等各方面的信息。

（三）资金资源

创业离不开资金的支持。创业者除了要合理评估和利用自身资金资源外，还要学会借力，通过不同的渠道筹集资金。需要注意的是，创业者在接受外部投资时，要先对投资者的基本情况（如资质、业绩等）有所掌握，再根据企业的实际情况在众多投资者中进行选择。

（四）技术资源

在创业初期，技术是最关键的资源，是决定企业产品市场竞争力和企业获利能力的根本因素。企业成功的基础是要有好的产品，好的产品一般都具有一定的专业性，而产品的专业性通常来源于企业所掌握的先进技术。

企业的先进技术既可以自己研发，也可以合作研发，如与科研院所或拥有领先技术的公司合作等。

二、创业资源的整合过程

企业资源在未整合之前大多是零碎的、低效的，要使这些资源发挥出最大使用价值、产生最佳效益，就必须运用科学的方法对各种类型的资源进行整合，使它们有机地融合起来。

创业资源的整合是一个复杂的过程，通常可分为资源扫描、资源控制、资源利用和资源拓展四个步骤。

（一）资源扫描

所谓资源扫描，就是对企业所拥有的资源进行全面梳理。根据资源的不同类型，资源扫描又可分为自有资源扫描和外部资源扫描。

所谓自有资源扫描，是指创业者对企业自身所拥有的资源进行全面梳理，并能找到自己的资源优势和不足，认清哪些属于战略性资源，哪些属于一般性资源。同时还要确定资源的数量、质量、使用时间及使用顺序等，以便更好地进行资源整合。

所谓外部资源扫描，是指创业者对外部环境进行全面梳理，及时发现其所需资源的过程。同时，创业者还应了解获取这些资源的渠道，并对获取各种资源的难易程度进行排序，按先易后难的顺序对相关资源的所有者进行深度分析。然后再将这些资源与自己所拥有的资源进行比较，找到自己与资源所有者的利益契合点，拿出双赢的合作方案，从而获取所需资源。这通常需要创业者具有一定的行业知识和社会经验。

（二）资源控制

所谓资源控制，是指创业者对各种资源的掌握程度。资源控制力越强，创业企业在利用资源时越得心应手，同时，还能规避因资源灭失而产生的风险。

（三）资源利用

在获取和控制了大量资源后，创业企业必须对这些资源进行恰当地配置，以充分发挥它们的价值。在整合资源时，创业者需要协调各种资源之间的关系，以使资源间的联系更加紧密，从而形成"1+1>2"的局面。

（四）资源拓展

资源拓展是指通过借助已有资源，进一步为企业开发潜在的资源，从而推动企业的持续发展，并不断形成新的优势。

案例阅读

蒙牛借力

　　牛根生和他的创业团队把一个一无奶源、二无工厂、三无市场的"三无企业"发展成一个在中国排名靠前的乳制品企业，其成功的核心因素之一就是借力。

　　对于乳制品企业而言，奶源的重要作用不言而喻。但在蒙牛创立初期，奶源已被各大企业瓜分殆尽。蒙牛若要自建奶源基地和工厂，不仅费时费力，还可能会落个"出师未捷身先死"的下场。面对这种困境，蒙牛创业团队创造性地提出了"先建市场，后建工厂"的战略，他们通过与其他经营不善的液体奶公司合作，借来奶源、借出技术、管理人员等资源，将别人的工厂变成了"自有车间"，实现了真正意义上的双赢。

蒙牛企业为何如此成功？

　　此外，蒙牛还通过"虚拟联合"战略，将传统的"体内循环"变为"体外循环"。公司内部只专注于自己最擅长的事，如销售、管理等。奶站基地、运输车辆等都外包给其他更为专业、更有效率的外部主体去运营。这种资源外取的战略，通过整合大量的外部资源，既强化了蒙牛的核心业务，又补足了其短板，进一步促进了企业的快速发展。

　　牛根生和他的创业团队就是这样用别人的钱干自己的事，用智慧及灵活的战略和战术创造了奶制品世界的神话。

　　资料来源：https://www.yjbys.com/chuangye/gushi/anli/596107.html?ivk_sa=1024320u，有改动

任务训练

探索活动

资源整合

活动目的：

能够评估自身拥有的资源，发现并有效整合外部资源。

活动内容：

　　创业是一个评估自有资源、整合外部资源的过程。如何创造性地整合外部资源是一名优秀创业者应具备的关键技能之一。请同学们按下列步骤进行资源整合训练。

　　（1）请同学们根据表6-2对自身条件进行评估。

表6-2　自身条件评估表

评估内容	具体要求	自我描述
你想做什么？	根据你的兴趣、爱好确定你的创业项目	
你拥有什么？	你的优势、强项是什么（如技术优势、人脉优势、知识优势等）	
你缺少什么？	你的劣势、缺点是什么（如技术劣势、人脉劣势、知识劣势等）	

请认真思考自己拥有的资源。想一想，如果要进行创业，还需要哪些资源？

（2）评估你的同学是否具有你所需要的资源。如果有，你将如何说服他和你一起创业或将资源借给你使用？

（3）除了同学外，你还有什么渠道获取创业资源？

（4）获得创业资源后，你将如何整合这些资源？

活动检测：

活动结束后，教师可根据表 6-3 进行评分。

表 6-3　活动评价表

评分标准	满分	实际得分	备注
能准确评估自身拥有的资源	20		
能找出自己所缺少的创业资源	20		
能准确评估外部资源	20		
能通过多个渠道获取外部资源	20		
能有效整合创业资源	20		
总　分	100		

任务三　学会创业融资

名人语录

我的宗旨一向是逐步稳健发展，既不要靠算人听闻的利润，也不要在市场不景气时，突然有资金周转不灵的威胁。

——包玉刚

问题导入

对于一个胸怀大志且拥有先进技术或很好创意的创业者来说，资金便是其开启创业之旅的"敲门砖"。因此，如何获取资金是每一位创业者都极为关注的问题。在进行下面的学习之前，请同学们思考以下问题。

没有资金如何创业？

（1）创业资金可以从哪些渠道获得？

（2）如何选择适合创业企业的融资类型？

知识链接

一、创业融资的概念

创业融资是指创业企业从自身生产经营及资金运用情况出发，根据未来经营发展的需要，通过一定的渠道或方式筹集资金，以满足后续经营发展需要的一种经济行为。

二、创业融资的渠道

具体来讲，创业融资的渠道主要有私人资本融资、机构融资、风险投资、天使投资和政府扶持。

（一）私人资本融资

1. 个人积蓄

一般来说，创业者的个人积蓄都是创业融资的首选，几乎所有的创业者都会向他们新创办的企业投入个人积蓄。虽然个人积蓄是企业融资的一种途径，但并不能从根本上解决企业的资金问题。因为个人积蓄对于企业来说是十分有限的，特别是对于资本密集型企业来说，几乎是杯水车薪。

2. 向亲友融资

向亲友融资也是创业融资的重要渠道。家庭成员和亲朋好友出于对创业者的信任，往往愿意向其企业投入资金，于是，向亲友融资成为创业企业十分常见的融资方式。以创业者为中心形成的亲缘、地缘、商缘等社会关系网络，对包括创业融资在内的许多创业活动产生着重要影响。

（二）机构融资

1. 向银行借款

适合创业者的银行借款形式主要有抵押贷款和担保贷款两种。

（1）抵押贷款是指借款人以其所拥有的财产作抵押，以获得银行贷款的一种借款方式。在抵押期间，借款人可以继续使用其用于抵押的财产。抵押贷款有动产抵押贷款和不动产抵押贷款两种。

（2）担保贷款是指借款人向银行提供符合法定条件的第三方保证人作为还款保证的借款方式。当借款方不能履约还款时，银行有权按照约定要求保证人承担清偿贷款的连带责任。担保贷款分为自然人担保贷款和专业公司担保贷款两种。

创业贷款的申请

2. 向非银行金融机构借款

非银行金融机构是指以发行股票和债券、接受信用委托、提供保险等形式筹集资金，并将所筹资金用于长期性投资的金融机构。根据《中国银保监会非银行金融机构行政许可事项实施办法》的规定，非银行金融机构包括经银保监会批准设立的金融资产管理公司、企业集团财务公司、金融租赁公司、汽车金融公司、货币经纪公司、消费金融公司、境外非银行金融机构驻华代表处等机构。

3. 交易信贷

交易信贷又称"商业信用"，是指企业在正常的经营活动和商品交易中，由于延期付款或预收货款所形成的企业间常见的信贷关系。企业在筹办期及生产经营过程中，均可以通过交易信贷筹集部分资金。例如，企业在购置设备或原材料的过程中，可以通过延期付款的方式，在一定时期内免费使用供应商提供的部分资金。

4. 融资租赁

融资租赁是指出租人根据承租人对租赁物件的特定要求和对供货人的选择，出资向供货人购买租赁物件并租给承租人使用，承租人则分期向出租人支付租金的融资方式。在租赁期内，租赁物件的所有权属于出租人，承租人拥有租赁物件的使用权。租赁期届满，租金支付完毕并且承租人根据融资租赁合同的规定履行完全部义务后，租赁物件所有权即转归出租人所有。

（三）风险投资

风险投资又称"创业投资"，是指专业机构向极具增长潜力的创业企业投资并取得该公司股份的一种融资方式。风险投资的投资对象多为处于创业期的中小型企业，而且多为高新技术企业或服务型企业。风险投资的投资期限通常为 3～5 年，投资方式为股权投资。投资者一般会占被投资企业15%～30%的股权，但其并不要求拥有控股权，也不需要任何担保或抵押，仅可能对被投资企业以后各阶段的管理、融资等提出一定的要求。

风险投资者一般会积极参与被投资企业的经营管理，以促进被投资企业增值。由于投资的目的是追求超额回报，所以当被投资企业增值或上市后，风险投资者会通过股权转让的方式撤出资本，实现资本的回收。

（四）天使投资

什么是天使投资？

天使投资是一种非组织化的创业投资形式，是指自由投资者（个人）或非正式风险投资机构（团体）对有发展前景的原创项目构思或初创期小企业进行早期权益性资本投资，以帮助这些企业迅速启动的一种民间投资方式。

天使投资的主要特征如下：

（1）天使投资的金额一般较小，且多为一次性投入，是一种个体或者小型的商业行为。它对创业企业的审查并不严格，更多的是基于投资者的主观判断或者个人喜好。

（2）天使投资者是指任何愿意投资的人士，可能是企业家或其他高收入人士，也可能是创业者的邻居、家庭成员、朋友、公司伙伴、供应商等。

（3）天使投资者不但能带来资金，也能带来一定的资源。如果投资者是知名人士，还可以提高企业的信誉和影响力。

（五）政府扶持

创业者可以根据政府的扶持政策，从政府方面获得融资支持。随着我国经济的发展，政府对创业的支持力度越来越大。无论是从政府扶持产业的广度方面，还是从政府对创业者的资金支持额度方面，都有很大提升。

砥节砺行

党中央、国务院高度重视大学生创新创业工作。为了解决大学生创业初期资金难题，国务院办公厅印发《关于进一步支持大学生创新创业的指导意见》，明确提出要加大对大学生创新创业的财税扶持和金融政策的支持力度，包括落实落细减税降费政策，做好纳税服务，强化精准支持；鼓励金融机构按照市场化、商业可持续原则对大学生创业项目提供金融服务，解决大学生创业融资难题；引导创新创业平台投资基金和社会资本参与大学生创业项目早期投资与投智等。

案例阅读

两次政府贴息贷款雪中送炭，大学生创业项目"起死回生"

冯宏星和四个小伙伴走上了创业之路，他们的目的只有一个：造出船舶通信导航设备，打破进口产品垄断。

创业以来，冯宏星的团队遭遇了研发、推广、资金等重重困难，甚至一起奋斗的小伙伴也因对公司前景缺乏信心而离开团队，"是国家的两次大学生创业贷款让我们起死回生，度过了初创期现金流缺乏的困难，也让团队的小伙伴重拾自信。"冯宏星说。

如今，冯宏星的创业风生水起，年销售额超过 1 500 万元，并一举获得 600 万元的风险投资。

放弃读博，创业造国产船舶通信导航设备

冯宏星是一名东南大学通信专业硕博连读的学生。在他即将攻读博士时，与同学卓维平进行了一次对话，这次对话改变了他的想法。卓维平把海员亲戚给他的难题抛给了冯宏星："为什么目前国内商船上用的通信导航设备，绝大多数是从日本、韩国或欧洲进口的？"

冯宏星了解到，这是因为船舶通信导航行业的专业性非常强，做通信、信息系统的专业人士很少触及。他决定，放弃继续读博的机会，同卓维平和另外三个东南大学的研究生一起，组成团队开始创业。

启动资金 300 万元，是五个小伙伴找家人和亲戚借来的。创业之初，他们租了一个 10 平方米的小屋作为研发场地。很不幸的是，南京的一场大暴雨把场地淹了，他们唯一一台电脑也被淹坏了。创业环境异常艰难，直到第二年，他们才拿出第一款产品。

30 万元贴息贷款，支持首笔订单赚了 100 多万元

"几个大学生折腾出来的产品，市场上根本不认可。我们找了一家研究所进行海上测试。一年后，稳定的通信质量让对方心服口服，我们拿到了第一笔订单。"冯宏星说。

当时，整个团队正面临生死存亡的境地：300 万元启动资金已经全部花光，如果要完成订单，还必须投入 70 万～80 万元。团队中一位小伙伴决定放弃，因为当时他面临毕业，杭州一家公司以承诺给他一套房为条件将他挖走了。

小伙伴的离开，让整个团队的士气陷入低谷。在一次活动中，冯宏星听说有专门针对大学生的创业担保贷款贴息，就去市人力资源和社会保障局（以下简称"人社局"）咨询。很快，人社局工作人员就来创业现场考察了。"当时，我心里特别没底气，因为创业场地乱七八糟，仓库、研发、销售都挤在一个办公室里。"冯宏星说，让他没想到的是，通过交流，这位工作人员觉得我们是一个干实事的团队，决定批准通过这笔贷款，由政府贴息。冯宏星找了五个人做担保，有亲戚，也有东南大学的老师。

一个月后，30 万元贴息贷款到账。冯宏星和小伙伴们又找亲戚朋友借了一些钱。在这笔资金的帮助下，他们赚了 100 多万元。

50 万元"绿色通道"贷款，助力销售额翻番

对于初创期的企业来说，钱一直都是缺的。冯宏星说，当时，公司年销售额已经超过 400 万元。两年前申请的 30 万元担保贷款马上到期，急需现金流继续开拓市场，他便又提出贷款申请。这一次贷款申请非常顺利，市人社局将额度破格提升到 50 万元，还是由政府贴息，且走的是贷款"绿色通道"，不需要担保人，所有贷款风险由财政承担。

这笔资金让这个年轻的创业团队再次腾飞。创业第三年，公司销售额超过 800 万元；第四年，销售额飙升至 1 500 万元。

在南京高新区东大科技园 D 栋，冯宏星正在一楼盯着一批产品看测试结果。这批订单是数字渔业对讲机，500 个产品下周将发往浙江舟山。冯宏星说，目前他们的产品种类有 8 款，全都是自主研发的，好用还便宜，市场销路也都不错。

冯宏星说，创业的成功，离不开政府的支持。尤其是第一笔贷款，让团队的小伙伴重拾了创业信心。无论今后走得多远，他都会记得创业初期政府雪中送炭的这笔资金。

资料来源：

http://js.cri.cn/chinanews/20170925/e2f5ccc8-affe-8d79-46d9-da9ba4138221.html，有改动

三、创业融资的类型

无论通过哪种渠道融资，融资都不外乎两类：股权融资和债权融资。

（一）股权融资

什么是股权融资？

股权融资是指企业的股东愿意让出部分企业所有权，通过企业增资的方式引进新的股东。股权融资所获资金的用途极为广泛，既可以充实企业的营运资金，也可以用于企业的投资活动，且无须企业偿还。

怎么确定融资额？

（二）债权融资

债权融资是指企业通过借钱的方式进行融资。对于债权融资所获得的资金，企业首先要承担资金的利息，然后还要在借款到期后向债权人偿还本金。向亲友、银行、非银行金融机构、其他企业借款等都是常用的债权融资方式。债权融资的特点决定了其用途主要是解决企业短期营运资金短缺的问题，一般不用于长期的资本性项目。

四、创业资金估算

合理地筹集创业所需资金是对创业者最基本的要求，也是创办企业的前提。筹集不到足够的资金可能会使企业出现资金断流的情况，甚至被迫清算；筹集的资金过多，又可能会使企业的资金闲置，产生机会成本，导致企业经营效益低下。因此，创业者在筹集资金前应首先对创业所需资金进行科学估算。

由于大学生创业普遍会选择投资较少的项目，因此，其可根据表6-4对创业所需资金进行估算。

表6-4　创业资金估算表

行次	项目	数量	金额	行次	项目	数量	金额
1	房屋租金			9	水电费		
2	机器设备			10	通信费		
3	装修费用			11	保险费		
4	办公用品			12	设备维护费		
5	员工工资			13	相关税费		
6	业务开拓费			14	开办费		
7	存货采购支出			15	……		
8	广告费				合计		

📋 任务训练

一、小组讨论

问题：创业者通常可以用哪几种方式获得创业资金？

讨论：以小组为单位进行讨论，尝试用头脑风暴法想出多种获得资金的方法。讨论结束后，各小组选出代表阐述讨论的结果。师生一起评出想法最多且最具可行性的小组。

二、探索活动

制订融资计划

活动目的：

能进行创业资金估算，能编写融资计划书。

活动内容：

王梅想成立一所培训学校。请根据搜集到的培训学校的实际业务情况和投资情况，帮助王梅确定公司的启动资金。具体实施步骤如下：

（1）教师对学生进行分组，每组 4~6 人，同时选出一个小组负责人。

（2）上网查找培训学校的实际业务情况和投资情况。

（3）小组讨论并解决以下问题：① 创业需要多少资金？具体包括哪些支出？（填写表 6-5）② 获得这笔资金的融资方案有哪些？③ 该融资方案符合企业目前的发展规划吗？④ 在融资前，应做好哪些准备工作？

表 6-5 资金估算表

行次	项目	数量	金额	行次	项目	数量	金额
1	房屋租金			9	通信费		
2	机器设备			10	保险费		
3	办公用品			11	设备维护费		
4	员工工资			12	相关税费		
5	业务开拓费			13	开办费		
6	购买交通工具费			14	……		
7	广告费				合计		
8	水电费						

（4）正式拟定融资计划。

（5）将融资计划制作成 PPT，由小组负责人上台演讲。

（6）教师对各小组的活动完成情况进行点评。

活动检测：

活动结束后，教师可根据表 6-6 进行评分。

表 6-6 活动评价表

评分标准	满分	实际得分	备注
创业资金估算合理	30		
明确所选融资渠道的优缺点	20		
能提出有效的融资方案	20		
融资计划内容完整，具有可操作性	30		
总　分	100		

◢ 三、创业访谈

以小组为单位，选择 4~6 家当地的公司（如财务公司、信贷公司、劳务公司、软件开发公司等），联系其负责人或相应工作人员，就该公司的创业融资规划和具体做法进行访谈。比较这些公司在创业融资规划和具体做法方面的异同。

活动结束后，教师可根据表 6-7 进行评分。

表 6-7　活动评价表

评分标准	满分	实际得分	备注
积极参与访谈的全过程	20		
能说出各个公司在创业融资方面的规划	40		
能说出各个公司在融资方面的优缺点	40		
总　分	100		

项目实训——创业模拟

确定一个创业项目，模拟企业注册及制度建立等事项。具体实施步骤如下：

（1）每 4～6 人一组，以小组为单位完成模拟练习。

（2）模拟注册企业，填写注册企业所需要的各种表格。

（3）完成公司制度建设，包括组织结构设计，以及人事和行政管理制度、营销管理制度、财务管理制度和企划管理制度的建设等。

（4）进行公司管理，包括品牌设计、产品开发、营销推广等。

（5）撰写实践总结，写明心得体会。

项目七
制订创业计划

💡 自我思考

　　观察那些成功的创业者，便不难发现，创业是一场有准备的战争。正所谓"兵马未动，粮草先行"，只有做好充分的创业准备，精心构想，运筹帷幄，才能决胜千里。

　　请同学们想一想：在创业前应做好哪些创业准备？创业者如何才能形成创造性的创业构想？创业者应怎样撰写创业计划书？

🎓 学习目标

知识目标：

- 了解创业构想的含义，掌握产生创业构想的方法。
- 了解商业模式的概念及构成要件，熟悉商业模式的设计思路和步骤，掌握商业模式创新的途径。
- 熟悉创业计划书的概念和基本结构，掌握创业计划书的撰写要点。

能力目标：

- 能够通过市场调研认证创业构想。
- 能够分析不同企业的商业模式，并设计出具有创新性的商业模式。
- 能够撰写创业计划书。

素质目标：

- 培养创业计划意识，树立创业前要认真思考、反复评估、考虑成熟再行动、理性对待创业的观念。

项目导入
XIANGMU DAORU

一份完善的创业计划书让他获得了风险投资

王杰是一名从事太阳能技术研究的工程师，毕业后经过多年研究，在利用太阳能方面取得了一项重大突破。如果这项技术能在实际中应用的话，前景会非常广阔。于是，他辞掉了工作，准备创业。在注册完公司后，所有资金都已用尽，王杰无力再招聘员工和准备实验材料，创业无法继续下去。为此，他多次与一些风险投资机构洽谈。

在洽谈中，虽然王杰反复向投资方强调他们公司的技术先进、产品应用前景光明，并保证投资他们公司将来会获得很大的回报，但仍然无法获得投资方的信任。因为，投资方询问的一些重要数据，如市场需求量、年回报率等，王杰并没有提供。

后来，一位做咨询管理的朋友提醒王杰，因为他的技术很少有人懂，且没有创业计划书来做进一步说明，很难让人相信他。于是，在向相关专家咨询和查阅大量资料后，王杰开始从公司的经营宗旨、战略目标出发，对公司的技术、产品、市场销售、资金需求、财务指标、投资收益等方面进行分析和论证，同时还通过市场调研的方式获取了详细的数据资料。

一个多月后，他拿出了一份创业计划书初稿，经过几位专家的指点，他又对创业计划书进行了修改。凭着这份创业计划书，他很快与一家风险投资公司达成了投资协议，得到了资金支持。如今，他的公司经营得红红火火。谈到经验，王杰总结到，创业计划书不仅仅是写一篇文章，其编制的过程就是不断理清创业思路的过程，只有创业者把自己的思路理清楚了，才能让投资者相信你。

资料来源：

https://wenku.baidu.com/view/c4bcbba1e209581b6bd97f19227916888586b916.html，有改动

任务一　激发创业构想

名人语录

同是不满足于现状，但打破现状的手段却不同：一是革新，二是复古。

——鲁迅

凡是能独立工作的人，一定能开辟一条新的工作路线。

——吴有训

如何验证你的创业构想
是否可行？

问题导入

创业是一项系统工程，在开始创业前，创业者必须认真地进行创业构想。创业构想在创业过程中具有非常重要的作用，能够帮助创业者理清思路，避免盲动和追风等情况的发生，进而减少失败和损失。创业构想必须是合理且有创造性的，否则无论投入多少时间和金钱，创业都会以失败告终。在进行下面的学习之前，请同学们思考下列问题。

（1）什么是创业构想？
（2）怎样才能产生创业构想？

知识链接

一、产生创业构想

（一）创业构想的含义

创业构想是对打算创办企业的基本业务所做的描述，主要包括目标客户是谁、销售什么样的产品或服务、满足客户的哪些需求、如何销售产品或服务等方面的内容。其中，满足客户需求是创业构想的核心，企业的产品或服务都应围绕客户需求而展开。例如，对于没有员工食堂的公司，员工往往都会希望减少午饭的开支，那么就可以考虑与特定的饭店合作，向此类公司提供员工团购午餐或出售工作日打折餐券等服务。如果通过调研，发现这种设想可行的话，它就可以成为创业构想。

（二）创业构想的产生方法

创业构想通常是运用创造性的思维方法，通过类比和分解产生的。

要想产生创业构想，首先可以运用类比的方法，即通过比较不同产品或服务的优缺点，从中发现问题，从而提出新想法。创业者若想提出独特的创业构想，就要在日常生活中养成思考、联想和比较的习惯，如在看到化妆品广告和无添加食品广告时，若能将两者进行比较、联想，就能发现"无添加化妆品"这一商机。

其次，可以运用分解的方法，对自己提出的新想法进行拆分，并将其具体化。在分解阶段，使用较多的方式是提出假设。例如，想要开一家针对大学生群体的便利店，我们在构想时就可以进行"把店开在有学生公寓的车站旁边较好""学生喜欢物美价廉的货品"之类的分解。

二、研讨创业构想

（一）对创业构想进行论证

有了初步的创业构想之后，接下来就是对其进行论证。论证的方法通常是通过市场调研来收集数据。一般来说，进行市场调研应重点解决如下问题：在事业的初始阶段，有多少资源可以使用？第一步实施过后，下一步应该怎么办？能否扩大用户群？扩大用户群的方法是什么？竞争对手的实力如何？能否抵抗竞争对手的进攻？应注意的是，如果论证后的结果不佳，则可对想法加以修正，同时提出其他假设并重新论证。

（二）对创业构想的成功概率进行预测

创业者要结合市场、行业的发展前景，产品、自身的优劣势，以及客户需求等来预测创业构想的成功概率，尤其是企业未来的盈利能力，以确定是否需要进一步实施企业构想。

一般情况下，创业构想难以在开始时就完全正确，常常需要在实践中加以修正，毕竟有些问题不通过亲身实践是弄不明白的。因此，"摸着石头过河"几乎是每一个创业者必经的过程。

任务训练

探索活动

说出你的创业构想

活动目的：

能提出具有创意的创业构想。

活动背景：

王梅是电子商务专业的学生，她的好朋友李萌快要过生日了，她想送给李萌一份特别的礼物。王梅到学校附近的礼品店看了一下，发现店里的礼品都大同小异，毫无特色，不仅不能体现送礼者的心意，还使礼品失去了应有的纪念意义。王梅有些失望，她希望礼品店能出售一些具有个性与纪念价值的礼品。

活动内容：

如果要开一家礼品店，你会提出什么样的创业构想？请你先运用类比和分解的方法，想出尽可能多的创业构想，然后运用市场调研的方法，对你的构想进行论证。最后，请筛选出最具创意、最能满足消费者需求的创业构想。

活动检测：

活动结束后，教师可根据表 7-1 进行评分。

表7-1　活动评价表

评价项目	评分标准	满分	实际得分	备注
准备工作	积极参与活动	10		
	所选调研项目合理、恰当	20		
市场调研	分工明确、合理	10		
	设计的调查问卷涵盖需求分析的各项内容	20		
	按要求完成调研工作	20		
创业构想	具有创意，能满足消费者需求	20		
总　分		100		

任务二　设计商业模式

名人语录

创业钱不是万能的，关键是商业模式和创业者激情。

——史玉柱

问题导入

被誉为"现代管理学之父"的彼得·德鲁克曾说过："当今企业之间的竞争，是基于商业模式的竞争。"商业模式的好坏在很大程度上决定着一个企业的成败，商业模式的创新更是企业创新的重要一环。如今，越来越多的企业通过新型商业模式取得了显著成功，如华为、花西子、美团等。在进行下面的学习之前，请同学们思考以下问题。

（1）为什么一些企业能够获得成功？这些企业的商业模式有何特点？

（2）一些企业的商业模式创新以失败告终，它们失败的根源在哪里？

知识链接

一、商业模式的概念及构成要件

（一）商业模式的概念

商业模式是企业探求所经营业务的利润来源、生成过程和产出方式的系统方法。简单来说，就是企业通过什么方式或途径来赚钱。例如，饮料公司通过卖饮料的方式来获得利润；快递公司通过为客户送快递，以收取服务费的方式来获得利润；网络公司通过提高点击率，为第三方打广告的方式来获得利润；等等。客户、价值和利润是商业模式的核心三要素。

案例阅读

微信营销：一种新型互联网营销方式

随着智能手机的日益普及，微信已成为最流行的社交工具之一，微信营销也应运而生。微信营销中，信息交流的互动性更加突出，虽然前些年火热的博客营销也有和粉丝的互动，但并不及时，除非你能天天守在计算机面前。而微信营销就不一样了，由于微信具有很强的互动即时性，无论你在哪里，只要带着手机，就能够轻松地同顾客进行互动。

微信营销的特点如下。

1）点对点精准营销

微信拥有庞大的用户群体，借助移动终端能够让每个个体都有机会接收营销信息，继而帮助商家实现点对点精准营销。

2）形式灵活多样

位置签名：商家可以利用"用户签名档"这个免费的广告位为自己做宣传，附近的微信用户能通过它看到商家信息。

二维码：用户可以通过扫描、识别二维码来添加朋友、关注企业账号；企业则可以设定自己品牌的二维码，用折扣和优惠来吸引用户关注，开拓O2O（后续讲解）营销模式。

开放平台：通过微信开放平台，应用开发者可以接入第三方应用，还可以将应用的Logo放入微信附件栏，使用户可以方便地在会话中调用第三方应用进行内容选择与分享。例如，某App的用户可以将自己在App中浏览的商品或内容分享到微信中，使其得以不断地传播，进而实现口碑营销。

公众平台：在微信公众平台上，每个人都可以打造自己的微信公众账号，并实现与特定群体的文字、图片、语音等全方位沟通和互动。

3）强关系的机遇

微信的点对点产品形态注定了它能够通过互动的形式将普通关系发展成强关系，从而产生更大的价值。商家可通过互动的形式与用户建立强关系，互动可以是解答疑惑，可以是讲故事，甚至可以是"卖萌"，用一切形式让企业与消费者建立朋友的关系。

企业应该将微信作为品牌的根据地，吸引更多人成为粉丝，再通过内容和沟通将普通粉丝转化为忠实粉丝。当粉丝认可品牌时，你们之间就建立了信任，他自然会成为你的顾客。

资料来源：张玉利，薛红志，陈寒松，李华晶. 创业管理 [M]. 第 5 版.

北京：机械工业出版社，2020

（二）商业模式的构成条件

要想设计一个成功的商业模式，至少要满足以下两个条件：

（1）商业模式必须是一个整体，有一定的结构，而不仅仅是一个单一的组成要素。

（2）商业模式各组成部分之间必须有内在联系，商业模式应能够把各组成部分有机地关联起来，使它们相互支持，共同作用，形成一个独特的良性循环。

二、商业模式的设计

（一）商业模式的设计思路

设计商业模式时，首先应考虑企业的战略，然后结合内外部环境、市场、资源、产品（服务）等因素，整合资源和匹配价值。具体来说，商业模式的设计思路包括价值定位、价值创造和价值实现三部分。

1. 价值定位

一个企业要想在市场中占有一席之地，必须明确自身的定位，即企业通过其产品和服务向消费者提供什么，对消费者而言有何价值。它决定了企业所要满足的需求是什么，客户是谁，要解决什么样的问题，应该提供什么样的产品和服务。例如，如家连锁酒店的定位介于二星级酒店和三星级酒店之间，目标客户是对价格敏感的商务人士和普通游客，为客户提供的是"够用而不多余的住宿条件和卫生条件，且比高星级酒店便宜"。

2. 价值创造

价值创造即企业如何将价值创造出来。价值创造应考虑企业能否为客户创造最大价值，思考客户为什么选择本企业的产品或服务而不是其他企业的，如何与客户进行沟通，有哪些特殊资源和能力可以增强商业模式的竞争力，如何实现商业模式的可持续盈利，等等。

商业模式的价值创造应体现出便捷性、新颖性、成本低廉、用户黏性高等特点。例如，京东商城提供给年轻人的价值就是"提供有品质且价格便宜的产品，能方便快捷地结算，能上门送货和退货"，其一切商业活动只围绕这个价值展开——构建呼叫系统和网站、监督供货商产品质量、监督快递服务质量、提供货到付款服务等。

3. 价值实现

价值实现是指企业创造的价值被市场认可并接受，完成从要素投入到要素产出的转化。在价值实现这一活动中，涉及最多的就是盈利模式，即企业自身如何获得利润，如何以合适的成本把价值传递给客户，如何构建利益相关者的价值网络，如何进行产品和服务的定价，如何最大限度地提高收入，等等。

（二）商业模式的设计步骤

商业模式的设计可按照下列步骤进行：

（1）确定业务范围，并寻求产品在市场中的最佳定位。对企业的业务范围进行定义，是成功进行价值定位的最重要的一步。

（2）分析和把握顾客需求，以锁定目标客户。锁定目标客户意味着企业必须考虑服务于哪个地区的客户，以及如何对客户进行细分。细分客户时，通常可以根据人口、地理、心理和行为等因素对其进行划分。在细分客户的过程中，分析和把握客户需求是最重要、最关键的。例如，淘宝的市场定位是为国内贸易和进出口贸易提供交易平台，目标客户是规模较小、需要小批量货物快速付运的中小型企业。

（3）构建企业独特的业务系统，以提高对手模仿的难度。业务系统反映的是企业与其内外部各种利益相关者之间的交易关系。首先，需要确定的是企业与不同利益相关者之间的关系。构建业务系统时，要针对不同的利益相关者，确定关系的类别及相应的交易内容和方法。其次，再根据企业的资源能力分配利益相关者（客户、供货商和其他合作伙伴）的角色，并确定与企业相关的价值链活动。

（4）发掘企业的关键资源能力，以形成核心竞争优势。关键资源能力包括金融资源、人力资源、信息资源、客户资源等。关键资源能力是企业有别于竞争对手并得以持续发展的支撑力量，有助于形成和打造企业的核心竞争力。

（5）构建独特的盈利模式，最大限度地实现盈利。简单地说，盈利模式就是企业赚钱的渠道或方法。客户怎样支付、支付多少，所创造的价值应当在企业、客户、供应商、合作伙伴之间如何分配，这些都是企业在构建盈利模式时需要考虑的问题。例如，电视台通常不向观众收费，而是通过收取广告费、出售节目冠名权来实现盈利。

（6）提高企业价值（即投资价值），以获得资本市场的青睐。企业价值是商业模式的落脚点，评判商业模式优劣的最终标准就是企业价值的高低。企业的价值由其成长空间、成长能力、成长效率和成长速度决定。好的商业模式可以让投入和产出的效率增高（即投资少、运营成本低、收入持续增长能力强等），从而使企业的价值迅速提高。

三、商业模式创新

（一）商业模式创新的概念

商业模式创新是指改变企业价值创造的基本逻辑，以提升顾客价值和企业竞争力的活动。通俗地说，商业模式创新就是企业以新的有效方式赚钱。商业模式创新实质上是一种高层次的企业创新行为，它与传统意义上的产品创新、技术创新、制度创新和经营创新有很大不同。新引入的商业模式，既可能在构成要素方面不同于已有的商业模式，也可能在要素间关系或者动力机制方面不同于已有的商业模式。

商业模式创新

商业模式创新的途径是对企业可利用资源的组合方式进行优化，表现为企业为改善其价值创造和价值获取能力而进行的价值链的优化和重组。商业模式创新涉及多个要素的同时变化，因此很难被竞争者模仿，常给企业带来战略性的竞争优势，且可以持续数年。

提 示

商业模式是一个商业系统，要求的不仅仅是产品和技术的创新。因此，商业模式创新属于企业最本源的创新。企业要想获得成功，商业模式创新比产品创新和技术创新更为重要。

（二）商业模式创新的途径

1. 基于价值活动的商业模式创新

这种商业模式创新把关注的焦点主要放在价值活动的定位、设计与匹配上。具体来说，其主要有以下几种策略可供选择：

（1）价值链上的重新定位。通过专注于价值链上的某些活动（通常是高利润活动），而将其他活动外包出去，可以实现商业模式的创新。一般来说，将非核心业务外包给其他企业，不仅有利于降低经营的不确定性风险和生产成本，还有利于发挥各价值模块的核心优势，从而提高产品质量。例如，某电信公司将企业的主要活动定位在营销和分销上，将 IT 及网络职能外包给专业服务供应商，不仅降低了成本，还提高了业务的专业度，从而有效地提高了自身的核心竞争力。

（2）重组价值链。重组价值链是指企业对产业价值链进行创造性的重组，进而得出新的商业模式。对价值链进行重组的关键思想就是围绕顾客的需求确定价值链中重要的部分，并以之为中心，再对非重要部分进行组合或调整，以适应这个中心。例如，某电脑公司在对自身的价值链进行改造的过程中，不仅按照客户的配置要求定做电脑，还砍掉了中间销售环节，以直销的方式与客户和供应商建立了紧密的联系，从而迅速成长为全球著名的计算机跨国集团。

（3）构造独特的价值活动体系。构造独特的价值活动体系是指企业通过构建和整合多个价值优势，形成企业所独有的价值活动体系，从而实现商业模式的创新。价值活动体系是对价值链的另一种表述方式，它能够把企业所从事的主要价值活动以一种相互联系的系统图展示出来，能够更直观地展示不同活动的主次及联系。

2. 基于价值曲线的商业模式创新

这种商业模式创新聚焦于企业为顾客所提供的价值。对提供服务而非实体产品的企业来说，此种创新尤为重要。企业可以通过创造独特的价值曲线实现服务创新，在为顾客提供更大价值感受的同时自身也获得了成功。例如，太阳马戏团是加拿大蒙特利尔的一家表演团体，也是全球最大的戏剧制作公司。该马戏团并不是简单地表演传统马戏，而是将戏剧融入马戏表演中，使表演更加多元化，同时配以华丽的舞台设计，重新定义了马戏团的艺术形态，因此成为当今世界发展最快、收益最高、最受欢迎的马戏团之一。

3. 基于价值网络的商业模式创新

这种商业模式创新的重点在于打造独特的价值网络，设计各种交易机制将企业自身与合作伙伴有机联系起来，以形成价值创造的合力。具体来说，采取这种商业模式创新的企业可以选择成为交易的组织者、交易平台的构建者或是交易的中介者。

（1）做交易的组织者。企业创造性地将供应链上各个成员组织起来，可以建立起关键环节的联盟合作关系。例如，某汽车销售平台通过专业化的组织能力为顾客提供了便利的一站式购车服务。

顾客可以在其网站浏览各种汽车的配置、价格等信息。如果选定某款车，公司可以按照顾客的要求（如是否在家试驾、是否送货上门、是否分期付款等）联系不同的合作伙伴（如生产商、物流公司和金融机构等），由其提供相关服务。在这个过程中，该汽车销售平台的作用就是把相关专业服务商组织起来，共同服务于顾客，创造价值并分享收益。

（2）做交易平台的构建者。打造交易的平台或桥梁是现在很多互联网公司的常用策略，其可以把原来不可能实现的交易变成现实。例如，某电商平台为注册用户提供网上拍卖交易服务，让用户能够很方便地通过平台购买或销售各种产品。

（3）成为交易的中介者。中介的功能在于促成某些交易的实现。企业若作为交易过程中的中介者，一是要采取各种机制和流程保证交易的顺利进行，二是要通过多种手段精心发展和维护其价值网络，以提高企业的服务能力。

4．基于资源能力的商业模式创新

这种商业模式创新的重点在于新资源的发掘和利用，或充分挖掘现有资源的潜在价值，从而建立起竞争优势。具体来说，其主要有以下几种创新策略可供选择：

（1）围绕新资源构建商业模式。新资源能为企业创造新的价值提供潜力。例如，某钢铁公司引进的新炼钢技术，能够利用废钢生产出建筑用钢铁产品，由此填补了低端市场的空白。该公司进一步以低端市场为基础，将产品线延伸到高端产品，最终打败了一些老牌钢铁公司。

（2）创造性地利用现有资源。一些企业可以围绕自身独特的技能、优势，挖掘现有资源的潜能，建立新的商业模式，以实现利润增长。例如，某些餐饮店的自营外送服务就是这方面的典型案例，这一模式整合了消费者的外卖需求，在满足顾客需求的同时，也提高了营业收入。

5．基于收入模式的商业模式创新

这种商业模式创新通过设计收入机制来获得收益，并尽一切可能来扩大收入来源。具体来说，其主要有以下几种策略：

（1）利用"互补品"。这是一种"此失彼得"的策略，一般有以下两种方式：一是"产品+产品"的互补，如打印机商家多采取"低利润打印机+高利润墨盒"的方式；二是"产品+服务"的互补，如通用电气销售飞机发动机所获得的利润并不多，其主要利润来源于维修服务。

（2）从"免费"到"收费"。基于互联网提供的便利，消费者对很多信息产品的期待是"免费获取"，因此，一些公司对"免费—收费"模式的细节进行创新，发掘了盈利的机制。例如，某软件公司的销售策略是，先允许用户免费试用软件一段时间，试用期过后，用户若想继续使用，则必须购买正版产品。

（3）由第三方付费。这种策略并不需要消费者付费，而是通过让其他利益相关方付费而赚取收入。例如，百度公司的商业模式是让普通用户免费使用其搜索引擎，但通过向企业客户收取定向广告费用来获得收益。百度公司率先在国内推出的"竞价排名"搜索引擎商业模式中，搜索同一个关键词，哪家企业出钱多，哪家企业的广告或产品就可以排在搜索结果的前面。这种方式使百度由搜索引擎技术提供商转变为一家独立的网络搜索服务商，其盈利模式也由技术服务转变为广告收入。

（4）"多收入流"模式。这种策略一般多与价值网络构建密切相关，企业由此可以扩大收益来源。例如，上海硅谷知识产权交易中心是一家为中国企业提供信息技术产权交易的平台，其除了向技术需求方收取会费、向技术供应方收取展示费之外，还会按一定比例收取交易中介费。

任务训练

一、案例分析

美国西南航空公司独特的价值活动体系

西南航空公司是美国第二大航空公司，其以"廉价航空公司"而闻名，是民航业"廉价航空公司"商业模式的鼻祖。自它之后，廉价航空逐渐控制了 1/3 的民航市场。

西南航空公司为旅客提供的服务是，低票价、可靠安全、高频度的航班，舒适的客舱，一流的常旅客项目，顺畅的候机楼登机流程，以及友善的客户服务。

其商业模式如下：

（1）采取短程飞行、点对点飞行方式，简化了航线结构，消除了行李转运的时间和烦琐程序。

（2）采用单一机型，节约了设备采购、维护保养、人员编制和员工培训方面的开支，同时又提高了资源调度的灵活性。

（3）通过让飞机快速周转（短程飞行尤为重要）、坚持弹性工作制，提高飞机的空中飞行时间。

（4）在二线机场或航班不是很繁忙的机场着陆（让飞机周转更快）。

与其他老牌航空公司相比，西南航空的商业模式可将成本降低 40%～50%，再加上其高运载能力等因素，票价可降低 60%，很多航线的客运量可增加 2～3 倍。这样一来，乘客就可以享受更加优惠的票价。

资料来源：https://www.docin.com/p-280076929.html，有改动

思考：美国西南航空公司的商业模式创新体现在哪里？

二、探索活动

中国企业的商业模式分析

活动目的：

能准确分析不同企业的商业模式，并从中获得启发。

背景资料：

竞争是商业活动中的永恒话题：二十年前比产品，谁有好的产品，谁就能成功；十年前比品牌和渠道，谁的品牌影响力大、谁的渠道终端广而有力，谁就能成功；那么今天的企业比拼的是什么呢？

我们看到，现在是一个产品、价格、渠道、促销（营销 4P）竞争激烈的时代，产品同质化、广告同质化、品牌同质化、促销同质化、渠道同质化、执行同质化等现象比比皆是，企业已经很难在营销 4P 中的某一项中脱颖而出，企业之间的竞争已经超越营销这一层级，进入到更高层面——商业活动的全系统。

活动内容：

（1）请对表7-2中的企业的商业模式进行分析。

表7-2　部分中国企业及其商业模式

公司名称	商业模式
京东商城	网上购物
途牛网	在线旅游服务
前程无忧网	人才招聘网站
淘宝商城	网上购物
唯品会	特卖网站
呷哺呷哺	火锅店

（2）这些企业的商业模式对你有什么启发？

活动检测：

活动结束后，教师可根据表7-3进行评分。

表7-3　活动评价表

评分标准	满分	实际得分	备注
能准确理解商业模式的含义	20		
能准确分析各个企业的商业模式	20		
能找出各个企业商业模式的差异	20		
能从活动中获得启发	20		
其他	20		
总　分	100		

任务三　撰写与评价创业计划书

名人语录

没有一个计划模型而贸然创业是十分危险的。

——田溯宁

问题导入

对于众多创业者来说，创业计划书是进行融资的必备文件。随着创业融资程序的日益规范，创业计划书更是成为投资公司进行项目审批的正式文件之一。因此，能够撰写一份高质量的创业计划书是每一个创业者都必须掌握的技能。在进行下面的学习之前，请同学们思考以下问题。

（1）创业计划书包括哪几部分内容？
（2）如何才能撰写出一份高质量的创业计划书？

知识链接

一、创业计划书的概念

创业计划书又称"商业计划书"，是指创业者就某一具有市场前景的新产品或服务向风险投资者进行游说，以取得风险投资的商业可行性报告。通常来说，每个风险投资管理机构都会对创业者的创业计划书进行仔细研究、分析，然后判断该企业是否值得投资。因此，创业者必须用心撰写创业计划书。

创业计划书不仅是创业者获得投资，打开创业之门的钥匙，也是创业者或创业团队仔细梳理创业思路的过程，有助于创业者系统地考虑创业活动的方方面面。在撰写创业计划书的过程中，创业者可以针对创业过程中可能遇到的困难和风险，制订可行性对策；可以进一步发现并分析商机，寻求取得成功的最佳途径；也可以更加仔细地考量自己的创业伙伴，努力打造出一个精英团队；还可以提前规划未来的财务安排，合理利用有限的资源；等等。

二、创业计划书的基本结构

（一）封面

封面也称"标题页"，一般应包含以下内容：创业计划书编号、标题、公司名称、日期等。其中，标题明确了创业项目的名称，体现了创业企业的经营范围，一般以醒目的字体标示出来，如《××创业计划书》。

手把手教你写创业计划书

知识拓展

创业计划书封面的设计

封面是创业计划书的脸面，如同大学生的求职简历，它最先呈现在投资者面前，因此一定要有独特的风格。创业计划书的封面重在设计，要求设计者要有一定的审美能力和艺术天赋。封面风格一般以简约、明确为主，忌晦涩怪异。例如，图 7-1 所示的创业计划书封面，既突出了创业项目，又具有一定的艺术性，能使阅读者产生好感，形成良好的第一印象。此外，最好为创业计划书加上硬皮封面或塑料封皮，以体现创业者对项目和阅读者的重视。

图 7-1　创业计划书封面示例

（二）扉页

扉页主要由上、下两部分构成：上半部分提出保密要求或展示创业者或创业项目的情况简介，以便阅读者对项目进行初步了解，这些内容可根据具体情况进行适当的修改或删除，有时也可省略不写；下半部分写明创业者的联系方式，如团队名称，负责人或联系人的姓名、电话、传真等信息，以便阅读者核实情况并及时与创业者取得联系。

（三）目录

目录是正文的索引，需要按照章节顺序逐一排列每章大标题、每节小标题，以及各章节对应的页码。创业计划书定稿后，要注意确认目录页码与内容的一致性。

（四）正文

正文是创业计划书的主要内容，包括摘要、主体和结论三大部分。

1. 摘要

摘要是企业的基本情况、竞争能力、市场地位、营销战略、管理策略，以及创业项目的投资前景及风险预测等方面的综合概述。摘要既是创业计划书的引文，要能引起读者的阅读兴趣；又是创业计划书的总纲，还要提纲挈领，让读者对创业计划书的内容有一个整体的认知。因此，摘要是整个计划书的精华和亮点，也是整个计划书的灵魂。

摘要是对整个创业计划书做出的精华式的总结，所以通常在计划书的主体完成后编写。一份出色的摘要应简短而精练，1～2 页纸即可。

拓展阅读

撰写摘要时应回答的关键问题

鉴于摘要在创业计划书中的重要地位，在撰写时一定要简明生动、精炼贴切，以便投资者发现其中的闪光点。一般来讲，撰写摘要时应回答下列关键问题。

第一组问题

你的创意由来和存在的理由是什么？

你的理念是什么？

你能准确客观地描述你的目标市场吗？你了解它们吗？

你能给你的目标客户带来什么价值？他们为什么接受？

你预计市场占有份额和增长率会是多少？

你最大的竞争者是谁？你将如何应对？

你需要多少投资？

第二组问题

你预计需要多少资金？怎么安排这些资金？

销售额、成本及利润情况如何？

你会使用何种分销渠道？

你的核心能力是什么？

盈亏平衡点的时间是什么时候？

你有专利吗？如何保护它？

第三组问题

你的团队能胜任这一项目吗？为什么？

你将如何为团队成员分工？

你有行动时间安排表吗？

为什么你是创业带头人？你能胜任吗？

2. 主体

主体是对摘要内容的具体展开。为了让投资者一目了然，主体部分一般采用分章节逐一描述的方式。主体的内容包括企业介绍、市场分析、产品（服务）介绍、人员及组织结构说明、前景预测、营销策略、生产计划、财务规划和风险分析等。

3. 结论

结论是对整个创业计划书内容的一个总结。它和摘要首尾呼应，体现了文本的完整性。

（五）附录

附录是对主体部分的补充。受篇幅限制，不宜在主体部分过多描述和详细展示的内容，或者需要提供参考资料、数据的内容，一般放在附录部分，以供参考。

附录可有附件、附图和附表三种形式，主要内容如下：

（1）创业团队的相关材料，如团队名单及成员简介、产品说明书及相关材料、产品专利相关材料、宣传材料等。

（2）生产、技术和服务相关的资料，如设备清单、产品目录、工艺流程图、技术图纸与方案等。

（3）市场营销的相关资料，如主要客户名单、主要供应商和经销商名单、市场调研和预测资料、产品相关资料等。

（4）财务相关资料，如各种财务报表、现金流量预测表、资产负债预测表、公司利润预测表等。

三、创业计划书的撰写要点

（一）企业介绍

企业介绍的目的是让投资者认识该企业。企业介绍中会涉及企业的基本概况，如企业的名称、组织形式、注册地址、联系方式等，还会介绍企业的发展历史与现状，企业所提供的产品或服务的竞争力，以及企业未来的发展规划和目标等内容。

（二）市场分析

市场分析在整个创业计划书中起着举足轻重的作用，它主要包括目标市场分析、行业分析、竞争对手分析等内容。

1. 目标市场分析

目标市场的概念由美国著名的市场营销学者杰罗姆·麦卡锡提出。他认为应当按消费者的特征把整个潜在市场分成若干部分，根据产品本身的特性选定其中部分消费者作为一个特定的群体，这一群体被称为目标市场。例如，手机的消费者中就有诸多不同的消费群体：商务人士喜欢功能多样、质量上乘的商务手机，学生一族追求外观时尚、性价比高的智能手机，老年人则以结实耐用、功能简单的手机为首选。

分析目标市场时，通常要回答以下问题：

（1）你的细分市场是什么？

（2）你所拥有的市场有多大？

（3）你预计占领的市场份额是多少？

（4）你的目标顾客群是哪些或哪类人？

（5）你的五年生产计划、收入和利润分别是多少？

（6）你的营销策略是什么？

详细的目标市场分析有助于投资者判断企业目标的合理程度及他们承担的风险的大小。在对目标市场的分析中，创业者需要阐明这样的观点：企业的目标市场很大、发展前景非常广阔，并有足够的能力应对来自各方面的竞争。

2. 行业分析

创业者应对所选行业有一个全面的了解，通过分析所选行业的整体状况及关键性的影响因素来把握该行业的基本特点、竞争状况及未来发展趋势。只有做到这一点，创业者才能充分认识行业的发展规律，认清行业的发展方向，从而确立企业的发展目标。

具体来说，分析行业时要回答以下问题：

（1）该行业的现状：处于萌芽期、成熟期还是衰落期？总销售额是多少？总收益如何？

（2）该行业的发展趋势：未来走向如何？

（3）该行业的所有利益相关者概况：包括竞争者、消费者、供应商、销售渠道等。

（4）该行业的影响因素：包括国家的政策导向、社会文化环境、竞争者的现状、行业壁垒等。

3. 竞争对手分析

如今，各行各业的竞争都在加剧，很难在市场上找到一个没有竞争对手的行业。竞争对手通常是这样一类企业：它们在市场上和你的企业提供着相同或类似的产品和服务，并且在配置和使用市场资源的过程中与你的企业具有一定的竞争性。如何打败竞争对手，如何在竞争中胜出，是每个企业家都需要考虑的问题。

分析竞争对手时，通常要回答以下问题：

（1）你的竞争对手有哪些？你最大的竞争对手是谁？

（2）你的竞争对手的优势在哪里？他们有什么新动向？

（3）竞争中你具备哪些优势和劣势？优势如何发扬？劣势如何消除？

（4）你能否承受竞争所带来的压力？

（5）你将采取什么策略战胜竞争对手？

（三）产品或服务介绍

在进行投资项目评估时，投资者最关心的问题之一就是，创业企业的产品或服务能否及能在多大程度上解决现实生活中的问题，或者创业企业的产品或服务能否赢得客户的青睐。因此，产品或服务介绍是创业计划书中的重要内容。

介绍产品或服务时，应涉及产品或服务的名称、特性、市场竞争力、研发过程、市场前景、品牌和专利情况等。介绍产品或服务时，通常要回答以下问题：

（1）顾客能够从企业的产品或服务中得到什么？

（2）与竞争对手相比，企业提供的产品或服务有哪些优势与劣势？企业将采取何种办法取长补短？

（3）企业拥有哪些专利？企业对自己的产品采取了哪些保护措施？

（4）企业对新产品或服务有何规划？

（5）企业的产品或服务定价为何能给企业带来长久利润？

（6）该产品或服务如何拥有稳定的顾客群？顾客群一旦缺失，企业该如何应对？

产品或服务介绍应准确、详细且通俗易懂，最好附上产品原型、照片或其他相关资料，以便非专业领域的投资者阅读和理解。任何一个创业者在创业之初都会对自己提供的产品或服务充满信心，在创业计划书中介绍产品或服务时，可以夸赞，但应注意实事求是，切勿夸大，否则将不利于与投资者建立长期的合作关系，甚至会影响创业企业与创业团队的声誉。

（四）人员及组织结构

企业管理的好坏直接决定了企业经营风险的大小，而高素质的管理人员和良好的组织结构则是管理好企业的重要保证。因此，投资者会重点评估主要管理人员及人员组织结构。

（1）主要管理人员。主要管理人员必须重点介绍，介绍的内容应包括他们的详细经历及背景、所具有的能力、所担任的职务和承担的责任等。

（2）人员组织结构。在介绍人员组织结构时，应包括以下内容：创业企业的组织结构图；各部门的功能与职责；各部门的负责人及主要成员；企业的报酬体系；企业的股东名单，包括认股权、持股比例和特权；企业股东的背景资料；等等。

（五）市场预测

创业团队要开发一种新产品或新服务时，首先应进行市场预测。市场预测就是运用科学的方法，对影响市场供求变化的诸多因素进行调查研究，分析和预见其发展趋势，掌握市场供求变化的规律，为经营决策提供可靠的基础。通常来说，企业所面对的市场有着变幻不定、难以捉摸的特点，因此，创业者对市场的预测不应凭空想象，而应尽量扩大收集信息的范围，以严谨、科学的调查手段和方法来进行预测。

在创业计划书中，市场预测部分应包括以下内容：市场现状综述、市场需求预测、竞争厂商概况、目标顾客和目标市场、本企业产品的市场地位等。在阐述市场预测结果时，创业者应着重阐述市场需求预测和市场竞争预测。首先，应对产品需求或服务需求进行预测，如"市场是否存在对这种产品或服务的需求""需求程度是否可以带来所期望的利益""新的市场规模有多大""需求发展的状态及趋势如何""有哪些因素会影响需求"等。其次，应对市场竞争的情况进行预测，如"市场中主要的竞争者有哪些？""本企业预计的市场占有率是多少？""本企业进入市场会引起竞争者怎样的反应，这些反应对企业会有什么影响？"等。

（六）营销策略

营销策略是企业以顾客需要为出发点，有计划地组织各项经营活动，通过产品策略、渠道策略、价格策略和促销策略，为顾客提供满意的商品和服务的过程。在创业计划书中，营销策略的叙述应包括以下内容：产品的品牌和包装、市场机构和营销渠道的选择、营销队伍的建设和管理、价格决策、促销计划和广告策略等。

处于不同发展阶段的企业的营销策略是不同的。由于产品和企业的知名度较低，创业企业通常很难进入其他企业已经控制的销售渠道中去，而不得不暂时采取高成本、低效益的营销策略，如上门推销、投放大量广告、搞促销活动、向批发商和零售商让利、找经销商代销等。

拓展阅读

撰写营销策略时应回答的关键问题

第一组问题

产品出厂价格是多少？

产品最终的销售价格是多少？

你能控制最终价格吗？

产品定价的依据是什么？

在产品的定价中，利润占多少？

产品的定价合理吗？为什么？

产品的定价和营销策略是一致的吗？

如何应对市场价格乱象？

第二组问题

目标客户中，哪些是最容易入手的？

你有多少条销售渠道？请评价渠道的优劣情况。

在哪里可以买到你的产品？

你会通过哪些分销渠道来分别接近哪些目标客户？

你将如何让目标客户注意到你的产品？

你将如何与目标客户进行沟通？

你有一个能够聆听顾客心声的渠道吗？

你将如何争取第一批客户？

如何抢在竞争对手之前迅速占领市场？

你是如何控制渠道的？

你会如何管理一线推销员？

你有广告计划吗？

第三组问题

一线推销员是如何展现企业形象的？

广告内容和企业理念是一致的吗？

产品设计反映了客户价值吗？

（七）生产计划

生产计划是企业对生产任务做出统筹安排，具体拟定生产产品的品种、数量、质量和进度的计划（如果是非制造业，则不需要生产产品，可以制定相应的经营计划）。撰写生产计划的目的在于使投资者了解企业的产品研发进度、生产情况和所需资金。

具体来说，创业计划书中的生产计划部分应包括以下内容：厂房的基本情况（包括地址、基础设施和基本配置情况）、产品制造设备的现状、生产流程及关键环节介绍、新产品投产计划、生产经营成本分析、质量控制和改进计划及能力。创业者撰写生产计划时，尤其应明确生产制造流程中的关键环节，写明生产部门的基本运营周期及间隔时间，并将季节性生产任务和生产中会遇到的问题及解决方案解释清楚。

（八）财务规划

财务规划是对企业筹资计划、财务管理、投资计划的统称。一份好的财务规划可以帮助企业降低经营风险，增强风险投资企业的评估价值，提高企业获取资金的可能性。

在创业计划书中，财务规划部分一般包括以下内容：创业计划的条件假设、预计的资产负债表、预计的损益表、现金收支分析、资金的来源和使用等。那么，如何制订财务规划呢？这首先取决于创业企业的远景规划——是为一个新市场创造一个新产品，还是将产品推入一个已有的市场中。

着眼于一项新技术或一款新产品的创业企业无法参考现有的市场数据。因此，创业者应自行预测新市场的成长速度和所能获得的收益，并向投资者解读相应的财务模型。而准备将产品推入一个已有市场的创业企业，则可以在获得目标市场相关信息的基础上对近几年的财务管理进行规划。

要完成财务规划，就必须明确下列问题：

（1）产品在每一个时期的发出量是多少？

（2）什么时候开始扩张产品线？

（3）每件产品的生产成本是多少？

（4）每件产品的定价是多少？

（5）使用什么分销渠道？预期的成本和利润各是多少？

（6）哪些职位需要雇用人员？何时开始雇用？工资预算是多少？

创业者在编写财务规划时，应保证财务规划和创业计划书中的假设相一致。事实上，财务规划和企业的生产计划、人力资源计划、营销计划等都是密不可分的。

提　示

撰写财务规划需要具备财会方面的专业知识，要做到规划详细、账款明晰，最好由专业人员来完成。专业人员能够避免财务报表出现漏洞，也能增强投资者的信任感。因此，创业管理团队中有熟悉财务的成员是非常必要的。

（九）风险分析

没有风险分析的创业计划书是不完整的，因为创业本身就带有一定的冒险性，创业过程中的风险通常会让人始料不及。风险分析不仅能减轻投资者的疑虑，让他们对企业有全方位的了解，更能体现管理团队对市场的洞察力和解决问题的能力。

在这一部分，创业者可以从以下几个方面进行阐述：

（1）市场风险。市场风险包括生产中可能遇到的问题、销售者未知的因素、竞争中难以预料的方面、顾客的不同需求与反馈等。

（2）技术风险。技术风险主要是指产品研发和生产中的困境，如技术力量不够强大，研发不到位，员工熟练程度不高、经验不足，研发资金短缺等。

（3）资金风险。创业者需要阐明可能出现的资金周转不畅和资金断流等问题，也要讲明万一企业遭遇清算的后果，以及遭遇清算后有无偿还资金的能力。

（4）管理风险。创业者要实事求是，不能刻意隐瞒管理方面的缺陷和漏洞，而要如实反映情况，诸如人手不足、经验欠缺、资源匮乏等。

（5）其他风险。企业的其他风险有很多，如政策的不确定性、经营中的突发状况、财务上的不确定因素等，都可以归入此类。

创业者应对市场、技术、资金、管理等各方面的风险进行分析，并将这些风险及相应的解决方案在创业计划书中清晰地描述出来。风险并不可怕，可怕的是没有应对风险的能力与对策。主动识别和应对风险会极大地增加企业的信誉，使投资者更有信心。

四、创业计划书的评估

由于创业计划书要准确解答投资者的疑问，以增强投资者对创业企业的信心。因此，在创业计划书编写完成后，可以从以下几个方面对创业计划书进行评估：

（1）创业计划书的逻辑是否清晰，论据是否充分，表达是否通俗易懂，语法是否正确，用词是否恰当。

（2）创业计划书是否设有目录，以便投资者快速查阅各个章节的内容。

（3）创业计划书是否编写了摘要并将其放在了最前面，摘要是否写得简明扼要、引人入胜。

（4）创业计划书是否显示出你具有管理公司的经验，或者是否明确表示你已经找到了一位专业人士来帮忙管理你的公司。

（5）创业计划书是否显示了你有能力偿还借款。

（6）创业计划书是否显示出你已进行过完整的市场分析，其能否让投资者坚信你在计划书中阐明的市场需求量是真实的。

（7）创业计划书能否打消投资者对产品或服务的疑虑。如有必要，可以准备一件产品模型。

砥节砺行

毛泽东在《解放战争第二年的战略方针》里写道："必须注意不打无准备之仗，不打无把握之仗，每战都应力求有准备，力求在敌我条件对比上有胜利之把握。"对于大学生来说，创业也是一场战争。在开启这场战争前，大学生除了要用知识武装自己，还要做好创业计划，树立创业前要认真思考、反复评估、考虑成熟再行动、理性对待创业的观念。

任务训练

能力训练

确定创业项目，并编写创业计划书。具体实施步骤如下：

（1）5～8人为一组，选出一名小组长。以小组为单位，寻找与自己所学专业相关的创业项目，或者从日常生活中寻找创业项目。组长负责创业项目的最终确定。

（2）从网上搜索几篇优秀的创业计划书作为参考。

（3）各小组成员讨论创业计划书的基本结构与目录，由组长负责敲定。

（4）组长分配撰写任务，每个成员编写创业计划书的一部分或几部分，最后由组长进行统稿并修改。

（5）创业计划书完成后，各组成员可以交换阅读，并指出对方的优点及不足之处，以相互促进。

活动结束后，教师可根据表7-4进行评分，并评选出表现最优秀的一组。

表7-4 活动评价表

评分标准	满分	实际得分	备注
所选创业项目具有可行性	20		
所选的创业计划书具有可参考性	20		
小组成员分工合理、明确	20		
编写过程中能积极探讨，各成员能虚心听取他人的建议	20		
定稿的创业计划书结构完整、内容丰富、条理清晰	20		
总　分	100		

项目实训—— 创业模拟

　　选择国内知名的电子商务网站，进行创业演练。目的是使学生取得一系列电子商务实际运作的经验，提高学生的实际工作能力和管理水平。具体实施步骤如下：

　　（1）选择项目。进行前期调研、风险分析，确定合适的创业项目。

　　（2）在教师的指导下，选择若干电子商务平台，进行用户注册、身份认证，申请开通网上银行。

　　（3）由学生自己联系货源、申请网上开店，进行网上商店的装修设计等。

　　（4）根据所学的知识进行网上商店的管理，包括营销推广、客户沟通、交易洽谈等。

　　（5）撰写实践总结。内容包括经营成果、出现的问题、实践心得及体会。

项目八

管理新创企业

自我思考

正准备创业的你，是否还在为选择企业组织形式、企业的设立登记、选择经营场所、营销策划、财务管理等问题而苦恼。本章将对上述问题进行讲解，以帮助创业者走好创业第一步。

请同学们想一想：企业选址应考虑哪些因素？企业的设立登记应遵循哪些流程？企业应如何经营？企业如何才能做大做强？

学习目标

知识目标：

- 了解企业的组织形式，熟悉企业的设立登记流程，掌握企业的选址策略。
- 熟悉并掌握企业的营销管理和财务管理的相关知识。
- 熟悉企业的生命周期和成长的驱动因素，掌握企业成长的管理策略。

能力目标：

- 能够根据实际情况为新企业选择合适的组织形式，能够模拟新企业的注册，能够根据实际情况进行新企业选址。
- 能够根据企业的实际经营情况制订营销策略和财务管理制度。
- 能够根据实际情况制订企业成长的管理策略。

素质目标：

- 自觉树立企业管理意识，培养创建新企业所需的坚定意志和吃苦耐劳品质。

项目导入
XIANGMU DAORU

开一间火一间的雪贝尔艺术蛋糕坊

广州皇威食品有限公司是一家专门从事糕饼连锁的食品企业，其经营的"雪贝尔艺术蛋糕坊"连锁店（以下简称"雪贝尔"），以提供精致的服务、不断创新的产品而闻名。经过 9 年的精心打造，如今的"雪贝尔"已成为珠三角地区糕饼行业的知名品牌之一，分别在广州、深圳、东莞、长沙、杭州、南昌等地开设了近 200 家分店。雪贝尔取得成功的秘诀是什么呢？

据雪贝尔的原"选址员"、现任深圳分公司经理的倪修兵说："我刚进入雪贝尔的工作就是为门店选址。在广州培训了一个月后，我就被派到了人生地不熟的深圳，专门负责公司新开蛋糕店的选址。毫不夸张地说，当时我选的店面每开一间就火一间。"那么，倪修兵在选址方面有什么诀窍呢？

倪修兵认为，开店需要讲究人气，有人气的地方才有生意。那么，店址是不是选在人多的地方就行了呢？其实也不尽然。现实中很多人都存在一个误区，那就是把人流量当成了评价一个地段好坏的唯一标准，认为人流量越大，地段就越好。诚然，人流量的确重要，但更重要的是，该地段的人流量是不是店铺的有效人流量。也就是说，所选店址是不是目标消费群聚集的地方。

雪贝尔每新开一家连锁店，都会为了选择最佳店址而做大量工作，其中一项重要的工作就是测算与分析人流量。公司会派员工拿着秒表到目标场所进行测算。这些测算人员除了要汇报每日的人流量以外，还要详细汇报以下数据：附近有多少路公共汽车经过；过往人群中，多少人是走路来的，多少人是乘坐公共汽车来的，多少人是打车或开车来的。测算人员会利用这些数据来分析该地址附近人们的消费水平和消费习惯，判断其中有多少有效人流量，进而确定所选地址是否适合开店。

资料来源：https://business.sohu.com/20050707/n226220265.shtml，有改动

任务一　掌握企业创办的基础知识

名人语录

实践决定理论，真正的理论也有着领导行动的功用。

——邹韬奋

创业者通过市场分析找到了创业机会，组建了创业团队，撰写了创业计划书，获得了创业资金后，就可以开始着手创立一家企业了。在进行下面的学习之前，请同学们先思考以下问题。

（1）企业的组织形式有哪些？创业者该如何选择？

（2）设立登记企业要遵循哪些流程？

（3）影响企业选址的因素有哪些？

知识链接

一、企业组织形式的选择

创业过程是一个建立组织及带领组织逐渐成长、发展的过程。创业的第一步，除了做好人员、资金、心理等准备之外，极为重要的一件事就是针对自身情况，选择一个合适的企业组织形式。一般来说，创业者可选择的企业组织形式有个人独资企业、合伙企业和公司制企业三种。

企业组织形式的选择

（一）个人独资企业

个人独资企业是最简单的企业组织形式，是指依照《中华人民共和国个人独资企业法》（以下简称《个人独资企业法》）在中国境内设立，由一个自然人投资，财产为投资人个人所有，投资人以其个人财产对企业债务承担无限责任的经营实体。

个人独资企业是非法人型企业，个人独资的财产属投资人个人所有。在企业财产无法清偿债务时，投资人以个人财产承担债务。在各类企业组织形式中，个人独资企业的创设条件最简单，办理手续最简便，尤其适用于初涉市场、资金实力有限的创业者。

根据《个人独资企业法》规定，设立个人独资企业，应当具备下列条件：

（1）投资人为一个自然人。

（2）有合法的企业名称。

怎么区分个人独资企业
与个体工商户？

（3）有投资人申报的出资。

（4）有固定的生产经营场所和必要的生产经营条件。

（5）有必要的从业人员。

（二）合伙企业

合伙企业是指自然人、法人和其他组织依照《中华人民共和国合伙企业法》（以下简称《合伙企业法》）在中国境内设立的普通合伙企业和有限合伙企业。普通合伙企业由普通合伙人组成，合伙人对合伙企业债务承担无限连带责任。有限合伙企业由普通合伙人和有限合伙人组成，普通合伙人对合伙企业债务承担无限连带责任，有限合伙人以其认缴的出资额为限对合伙企业债务承担责任。

根据《合伙企业法》规定，设立合伙企业，应当具备下列条件：

（1）有两个以上合伙人。合伙人为自然人的，应当具有完全民事行为能力。

（2）有书面合伙协议。

（3）有合伙人认缴或者实际缴付的出资。

（4）有合伙企业的名称和生产经营场所。

（5）法律、行政法规规定的其他条件。

（三）公司制企业

公司制企业简称公司。《中华人民共和国公司法》（下称《公司法》）所指的公司是指在中国境内设立的有限责任公司和股份有限公司。公司是企业法人，有独立的法人财产，享有法人财产权。公司以其全部财产对公司的债务承担责任。

1. 有限责任公司

有限责任公司是指一个以上、五十个以下股东共同出资，股东以其出资额为限对公司承担责任，公司以其全部资产对公司的债务承担责任的企业法人。这种公司本质上是一种合资公司，但与股份公司相比也有人合因素。

设立有限责任公司，应当具备下列条件：

（1）股东符合法定人数。

（2）有符合公司章程规定的全体股东认缴的出资额。

（3）股东共同制定公司章程。

（4）有公司名称，建立符合有限责任公司要求的组织机构。

（5）有公司住所。

2. 股份有限公司

股份有限公司是指将公司全部资本分为等额股份，股东以其认购的股份为限对公司承担责任，公司以其全部资产对公司债务承担责任的企业法人。

根据《中华人民共和国公司法》规定，设立股份有限公司，应当具备下列条件：

（1）发起人符合法定人数。

（2）有符合公司章程规定的全体发起人认购的股本总额或者募集的实收股本总额。

个体户、合伙企业、
有限公司、股份公司的
股东合作方式区别

（3）股份发行、筹办事项符合法律规定。

（4）发起人制订公司章程，采用募集方式设立的经创立大会通过。

（5）有公司名称，建立符合股份有限公司要求的组织机构。

（6）有公司住所。

各种企业组织形式没有绝对的好坏之分。对创业者而言，需要考虑的是选择哪种企业组织形式更有利于创业企业的生存与发展。各种企业组织形式的优势与劣势如表 8-1 所示。

表 8-1 各种企业组织形式的优势与劣势

企业组织形式	优势	劣势
个人独资企业	① 企业设立、转让和解散等行为手续简便，仅向登记机关登记即可，且费用低。 ② 创业者拥有对企业的控制权。 ③ 企业经营灵活性高，可迅速对市场变化做出反应。 ④ 利润归创业者所有，不需与他人分享。 ⑤ 只需缴纳个人所得税，无须双重纳税（即不用缴纳企业所得税）。 ⑥ 在技术和经费方面易于保密	① 创业者承担无限责任。 ② 不易从企业外部获得信用资金，筹资困难。 ③ 企业寿命有限，易随创业者的退出而消亡。 ④ 企业的成功更多地依赖创业者的个人能力。 ⑤ 创业者投资的流动性低
合伙企业	① 企业的设立较简单和容易，费用低。 ② 企业经营具有高度的灵活性。 ③ 企业资金来源较广，信用度较高	① 合伙人承担无限连带责任。 ② 财产转让困难。 ③ 融资能力有限，企业规模受限。 ④ 企业往往因关键合伙人的退出而解散。 ⑤ 在合伙人对企业经营有分歧时，决策困难
有限责任公司	① 股东只承担有限责任，风险小。 ② 公司具有独立寿命，易于存续。 ③ 公司所有权与经营权分离，聘任职业经理人管理，更能适应市场竞争。 ④ 以出资人的出资额为限承担公司的经营风险。 ⑤ 促使公司形成有效的治理结构。 ⑥ 多元化产权结构有利于科学决策。 ⑦ 可吸纳多个投资人，促进资本集中	① 税收负担较重，存在双重纳税问题。 ② 不能公开发行股票，筹集资金的规模与渠道受限。 ③ 公司产权不能充分流动，资产运作受限
股份有限公司	① 股东只承担有限责任，风险小。 ② 公司具有独立寿命，易于存续。 ③ 公司产权可以股票形式充分流动。 ④ 可聘任职业经理人管理，管理水平较高。 ⑤ 筹资能力强	① 公司设立程序复杂，费用高。 ② 税收负担较重，存在双重纳税问题。 ③ 政府限制较多，法规要求比较严格。 ④ 因公司要定期报告其财务状况，使公司的相关事务不能严格保密

◤ 二、企业的设立登记流程

2015 年 6 月 23 日，国务院办公厅颁布了《关于加快推进"三证合一"登记制度改革的意见》，以简化企业登记、审批的程序，提高登记效率，方便企业准入。

2015 年 10 月 1 日起，"三证合一、一照一码"登记制度改革开始在全国推行。2015 年 12 月 31 日，国家工商行政管理总局（现国家市场监督管理总局）、国家税务总局联合发出《关于进一步做好"三证合一"有关工作衔接的补充通知》，要求各地建立健全信息共享机制，做好企业登记和税务管理衔接有关工作，确保"三证合一"工作衔接顺畅高效。

"三证合一"是将企业依次申请的工商营业执照、组织机构代码证和税务登记证三证合为一证，提高市场准入效率；"一照一码"则是在此基础上更进一步，通过"一口受理、并联审批、信息共享、结果互认"，实现由一个部门核发载有"统一社会信用代码"（共 18 位）的营业执照。企业无须再次进行税务登记，也不用再领取税务登记证。"一照"即营业执照，"一码"即统一社会信用代码。

注册公司前需要怎么做？

2016 年 6 月 30 日，国务院办公厅颁发《关于加快推进"五证合一、一照一码"登记制度改革的通知》，在"三证合一"登记制度改革的基础上，再整合社会保险登记证和统计登记证，实现"五证合一、一照一码"。

2018 年 6 月 15 日，全国各省（自治区、直辖市）级及计划单列市国税局、地税局合并，且统一挂牌。此次省级新税务局挂牌后，至 2018 年 7 月底，市、县级税务局逐级分步完成集中办公、新机构挂牌等改革事项。2018 年 8 月起，税务局整合办税流程，全面实现了"一厅通办""一网办理"。

💡 提示

国家计划单列市的全称为"国家社会与经济发展计划单列市"，即在行政建制不变的情况下，省辖市在国家计划中单列户头，国家赋予这些城市相当于省一级的经济管理权限。目前，全国的计划单列市有大连、青岛、宁波、厦门和深圳。

上述制度简化了企业的设立登记流程。一般情况下，企业的设立登记需要经过以下五个步骤：① 预先核准企业名称；② 准备申请材料并在线提交；③ 领取营业执照并刻制印章；④ 银行开户；⑤ 税务报到。企业设立登记的管理机关为各省市的市场监督管理局，具体的注册登记工作可以完全通过网络平台进行。

（一）预先核准企业名称

创业者设立企业时，首先需要核准企业名称。创业者可登录市场监督管理局官方网站，进入"网上办事大厅"或"在线办事"栏目，注册账号并登录；然后，选择"名称登记"选项，按要求填写事先准备好的企业名称并提交。在企业设立之前通过预先核准程序将企业名称确定下来，对统一申请材料中的企业名称、规范登记文件等均有重要的作用。企业名称经审核通过后，创业者即可获得《企业名称预先核准通知书》。

注册公司的一般流程

（二）准备申请材料并在线提交申请

企业名称经审核通过后，创业者即可选择"企业登记"选项，按要求填写企业登记的相关信息，如企业住所地、企业类型、注册资本、经营范围、投资人名单及其出资比例等。

同时，创业者应准备企业登记的相关申请材料，并按照系统提示上传申请材料的 PDF 文件。对于有限责任公司的设立而言，创业者通常应准备法定代表人、全体股东、财务负责人的身份证明材料，代理人的资料，备案登记资料，公司章程，住所证明等。具体的申请材料包括以下内容。

（1）企业设立登记申请书。该申请书包括《企业设立登记申请表》《单位投资人（单位股东、发起人）名录》《自然人股东（发起人）、个人独资企业投资人、合伙企业合伙人名录》《投资人注册资本（注册资金、出资额）缴付情况》《董事会成员、经理、监事任职证明》《企业住所证明》等材料，均由法定代表人亲笔签署。

（2）公司章程。由全体股东签字；有法人股东的，还应加盖该法人单位公章。

（3）股东资格证明。自然人股东应提交身份证复印件，企业法人股东应提交加盖公章的营业执照复印件。

（4）《指定（委托）书》。即创业者委托代表或代理人办理企业登记注册手续的授权委托书。

（5）经营范围涉及前置许可项目（如危险品经营、快递业务经营等）时，创业者应提交有关审批部门的批准文件。

企业登记的相关申请材料提交完成后，市场监督管理局会在 5 个工作日内进行审核。如果申请材料存在问题，市场监督管理局会另行通知申请人修正后继续提交。网上审查通过后，申请人将收到《准予设立登记通知书》。

（三）领取营业执照并刻制印章

创业者与市场监督管理局预约领证时间，然后携带《准予设立登记通知书》、申请人的身份证原件，到市场监督管理局领取营业执照正、副本。创业者领取营业执照之后，凭营业执照到公安局指定刻章点刻制公司公章、财务专用章、合同专用章、法人章和发票专用章。新企业印章完成刻制后，创业者还须到公安机关及相应的主管部门进行印鉴备案。

（四）银行开户

银行账户是企业为办理结算和申请贷款在银行开立的户头，也是企业委托银行办理信贷与转账结算及现金支付业务的工具。它具有监督和反映国民经济各部门、各单位活动的作用。根据《人民币银行结算账户管理办法》规定，单位银行结算账户分为基本存款账户、一般存款账户、专用存款账户和临时存款账户。各类账户均有不同的设置和开户条件。按照规定，企业只能在银行开立一个基本存款账户。

📖 知识拓展

单位银行结算账户

基本存款账户是存款人因办理日常转账结算和现金收付需要开立的银行结算账户。一般存款账户是存款人因借款或其他结算需要，在基本存款账户开户银行以外的银行营业机构开立的银行结算账户。专用存款账户是存款人按照法律、行政法规和规章，对其特定用途资金进行专项管理和使用而开立的银行结算账户。临时存款账户是存款人因临时需要并在规定期限内使用而开立的银行结算账户，如设立临时机构、开展异地临时经营活动、注册验资时开立的账户。

企业开立银行基本存款账户和临时存款账户的基本程序如下：

（1）企业选定开户银行，向该银行领取开户申请书并如实填写，交由主管部门审核盖章后，附上营业执照正本，交给开户银行审核。

（2）银行同意开户后，企业送交预留印鉴，包括财务专用章和法人章。

开立银行账户之后，企业可根据业务需要向开户银行购领有关结算凭证，如现金缴款单、支票等。

（五）税务报到

在市场监督管理局办理完"五证合一、一照一码"登记后，创业者应携带营业执照正、副本原件，法人身份证原件，以及公章、法人章到税务局报到，登录税务局官网并办理税务登记业务。

三、企业的选址

（一）影响企业选址的因素

创业者选择企业经营地址时，须考虑政治因素、经济因素、技术因素、社会文化因素、自然因素及人口因素等。其中，经济因素和技术因素对选址决策起着基础性作用。

1. 政治因素

在选择企业地址时，创业者应注意研究政府在市场发展、产业发展等方面的相关规定。例如，创业者应先研究政府在不同时期的产业发展重点和优惠政策，然后将企业建在有产业政策支持的地区，以使企业发展抢占市场先机。

2. 经济因素

经济因素决定了企业预选地址所在地的消费者购买力。消费者购买力一般体现在该地区消费者的银行存款、收入水平、家庭总收入等指标上。这些指标与该地区的经济发达程度有密切关系。因此，创业者应注意评估企业预选地址所在地的相关经济指标。同时，创业者还应注意考察企业预选地址所在地的商业环境，了解那里是否形成了具有竞争力的企业集群。一般来说，创业者将企业地址确定在相关联企业比较集中的地区时更容易获得成功。

3. 技术因素

对于以科技研发与生产为方向的高新技术企业，创业者可将企业地址确定在某地区的技术研发中心附近，或者新技术信息通畅的地区，以便及时了解和掌握国内外新技术发展变化的新规律、新特点和新趋势，避免技术进步的难以预测性和技术市场变化的不确定性给高新技术企业的发展带来不利影响。

4. 社会文化因素

由于价值取向与生活态度的差异，不同文化背景的消费者对健康、营养、安全、环境等的关注程度不同。这会直接影响企业产品或服务的市场需求与市场拓展。因此，创业者在选择企业地址时应考虑企业地址所在城市的影响力、所在地区的社区文化与商业文化，分析企业产品或服务目标消费群体的文化品位与消费心理。

5. 人口因素

人口因素往往反映一个地区的市场需求及市场容量（即在不考虑产品价格或供应商策略的前提下，市场在一定时期内能够吸纳某种产品或服务的数量）。因此，创业者应重点了解企业地址所在地区的人口结构、人口数量、人口稳定状况，以及消费者的职业与收入状况、消费者的购买习惯等情况。

6. 自然因素

创业者应该关注所选地址的地质状况、水资源状况、气候状况等自然因素是否符合企业生产经营的客观需要。同时，创业者还应考虑地理环境对企业发展是否有利。例如，企业预选地址所在地的交通是否便利，能否为企业营销发展提供有利条件等。

📖 案例阅读

商品价格与店面选址

小孙很喜欢喝咖啡，一直想开一家属于自己的咖啡店。大学毕业后，她在亲友的帮助下，在长沙一个老小区的幽静地段开了一家咖啡馆。这家咖啡馆分上下两层，共有 30 多个座位，店内装修得很有品位和格调。

然而，在经营了一段时间后，小孙发现店里的咖啡尽管只卖 18 元一杯，顾客也会嫌贵，而在市中心的商场里，同样的咖啡 38 元一杯，却能吸引不少顾客。后来她才意识到，是咖啡馆所在的地段不好。因为周边的社区多是长沙本地的老小区，在社区活动的大多是退休的老人，而在市中心工作的人回到家时已经是晚上了，根本无暇光顾她的咖啡馆。简而言之，由于地段不好，所以小孙的咖啡馆的效益很一般。

最后，小孙把咖啡馆转让给了一对夫妇，而这对夫妇在接管咖啡馆后将其变成了一家棋牌室。从此，店里的生意日渐兴隆。

（二）企业选址的策略和技巧

科学的选址对企业的成长至关重要，因此，创业者必须掌握企业选址的策略和技巧。

1. 在搜集与研究市场信息的基础上选址

市场信息对企业选址的影响是不可忽视的。创业者可依据影响企业选址的各种因素，亲自或委托中介机构搜集市场信息，并对这些信息进行定性与定量的科学分析，进而在此基础上科学选址。

2. 在考察与评估备选地址的基础上选址

创业者应对多个备选地址进行实地考察，并采用科学的定量分析方法对备选地址进行评估；然后，按照企业"必需的"和"希望的"选址条件，对备选地址进行详细的比较与分析，最终选出最佳地址。

3. 在咨询与听取多方建议的基础上选址

创业者在选址时应咨询有经验的企业家或相关人士，听取他们的意见与建议，以获得有益的帮助。同时，还应综合分析各种信息、意见与建议，制作出备选地址的优势与劣势对比表，然后根据企业所在行业的特点与市场定位等，做出正确的选址决策。

任务训练

一、小组讨论

（1）请同学们讨论一下不同企业组织形式的优势与劣势，然后想一想，如果你去创业，你会选择哪种企业组织形式。

讨论结束后，教师可根据表 8-2 进行评分。

表 8-2 活动评价表

评分标准	满分	实际得分	备注
积极参与讨论	25		
观点新颖、合理	25		
能够大胆表达自己的想法	25		
语言表达流畅	25		
总 分	100		

（2）王苏想开一家服装店，却在选择店面地点时犹豫不决。在她所在的城市里，南边已经有了许多服装店，竞争非常激烈；而北边则没有什么服装店，竞争对手也少。王苏一时不知该如何抉择。

讨论：如果你是王苏，你会把服装店开在哪儿？为什么？

二、探索活动

企业选址调研

活动目的：

通过选址调研，制订选址方案，掌握根据创业项目的实际情况合理选址的技能。

活动内容：

（1）教师对全班同学进行分组，4～6 人为一组，各组选出一个小组负责人。

（2）各小组选择不同的经营项目，编写调研方案，确定调研内容、调研方法、调研人员及分工等事项。调研内容包括但不限于以下几项：

① 企业的目标客户包括哪些人？

② 所选地址的日客流量是多少？

③ 所选地址的房租在什么价位？

④ 所选地区有多少家同行业者？他们的实力如何？

⑤ 所选地区具有长远的发展前景吗？

⑥ 所选地区的经济繁荣吗？

⑦ 所选地区的消费者收入、消费者文化品位和消费心理具有什么特点？

⑧ 所选地区的交通便利吗？

（3）实施调研方案。

（4）制订选址方案。

（5）将选址方案制作成 PPT，由小组负责人上台演示。

（6）教师进行点评。

活动检测：

活动结束后，教师可根据表 8-3 进行评分。

表 8-3　活动评价表

评分标准	满分	实际得分	备注
按要求实施调研	25		
选址方案结构完整、逻辑清晰	25		
灵活运用企业选址技巧	25		
PPT 制作精美，讲解清晰流畅	25		
总　　分	100		

任务二　学会营销与财务管理

名人语录

全世界没有一个质量差，光靠价格便宜的产品能够长久地存活下来。

——徐世明

？ 问题导入

企业创办之后，会面临营销管理、财务管理等问题。营销管理实质上是需求管理，其过程包括市场研究和定位，营销组合策略的制订、执行和控制等。财务管理就是对企业的资金、资产及由此产生的财务关系实行有效的管理，以实现企业利益的最大化。在进行下面的学习之前，请同学们思考以下问题。

（1）企业的营销策略有哪些？请结合身边的例子进行说明。

（2）企业财务管理的关键是什么？

（3）创业者应该如何进行财务管理，以控制企业在运营过程中的风险？

一、企业的营销管理

企业营销活动的实质是一个利用内部可控因素适应外部环境的过程，即通过对市场、产品、价格、分销渠道、促销的计划和实施等外部不可控因素做出积极的反应，从而促成交易的实现，进而完成个人与组织的目标。

企业营销策略大不同

（一）市场定位

企业营销的首要工作是找准目标市场，即市场定位。市场定位的主要任务是，明确自己的产品与竞争者相比的特色与优势，充分突出新企业及产品在市场上的新颖性、显著性及差异性，以获得消费者的认可与青睐。

1. 市场定位的依据

（1）产品特色。构成产品特色的许多因素都可以作为市场定位的依据，如所含成分、材料、质量、价格等。例如，"王老吉"的定位是凉茶，区别于可乐、绿茶等饮料；"泰宁诺"止痛药的定位是"非阿司匹林的止痛药"，强调药物成分与以往的止痛药有本质的差别。

（2）产品用途。为老产品寻找一种新用途，是为该产品确定新的市场定位的好方法。曾有一家生产曲奇饼干的厂家，最初将其产品定位为家庭休闲食品，后来发现不少消费者购买该产品是为了馈赠，又将之定位为礼品。

（3）消费者利益。产品提供给消费者的利益是消费者最能切实体验到的，也可作为市场定位的依据。例如，汽车品牌中，劳斯莱斯的定位是豪华气派，丰田的定位是物美价廉，沃尔沃的定位是结实耐用，等等。

（4）消费者类型。企业常常试图将其产品指向某一类特定的消费者，以便根据这些消费者的看法塑造适合的形象。

2. 市场定位的策略

（1）避强定位。这是一种避开强有力的竞争对手进行定位的模式。新企业可以避开竞争强手，瞄准市场"空隙"，开发特色产品，开拓新的市场领域。这种定位策略有助于企业迅速在市场上站稳脚跟，并在消费者心中尽快树立起一定的形象。这种定位策略市场风险较小，常常为大多数企业所采用。

（2）迎头定位。这是一种与市场强势者对着干的定位策略，是"冒险家的游戏"，即新企业选择与竞争者正面对抗，争取同样的目标消费者。要实行这种策略，新企业必须做到知己知彼，要了解市场上是否可以容纳两个或两个以上的竞争者，自己是否拥有比竞争者更多的资源和能力，是否能比竞争者做得更好。同时，实行这种策略时，新企业要选择恰当的市场进入时机与地点。

（3）重新定位。重新定位策略通常是指对那些销量少、市场反应差的产品进行第二次定位。例如，某家企业生产的石英钟表因既无设计特色，又无价格优势，故销量很差。为此，该企业对产品进行了重新设计，将石英钟表设计成各种形状的装饰品，其外观新颖、充满了艺术气息，一上市就受到了市场的追捧。虽然其价格较一般石英钟表高了不少，但销量依然节节攀升。

（二）产品策略

产品策略是指企业以向目标市场提供各种适合消费者需求的有形和无形产品的方式来实现其营销目标的营销策略，包括对与产品有关的品种、规格、包装、特色、商标、品牌及各种服务措施等可控因素的组合和运用。

产品策略是市场营销组合策略的基础，从一定意义上讲，企业成功与发展的关键在于产品满足消费者需求的程度，以及产品策略的正确性。

1. 产品的整体概念

市场营销中所指的产品是一个整体概念，它包含五个层次，即核心产品、形式产品、期望产品、附加产品和潜在产品，如图 8-1 所示。

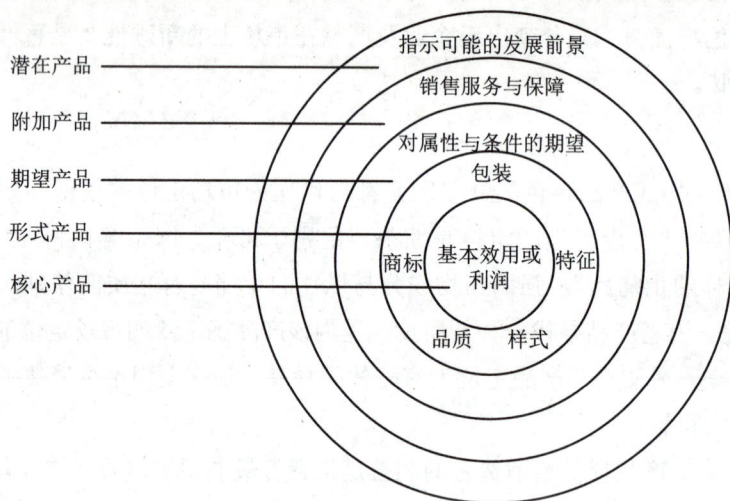

图 8-1　产品整体概念的五个层次

（1）核心产品，也称"实质产品"，是指产品能向消费者提供的基本效用或利益，是消费者真正要购买的东西。它是产品整体概念中最基本、最主要的部分。例如，消费者购买洗衣机是为了能够省时省力地清洗衣物。

（2）形式产品是指核心产品借以实现的外在形式，包括产品的品质、样式、特征、商标、包装等。

（3）期望产品是指消费者在购买产品时，期望得到的与产品密切相关的一整套属性和条件。例如，对于购买洗衣机的消费者来说，在期望通过该产品省时省力地清洗衣物的同时，还期望其不会损坏衣物，使用时噪声小、方便进水，外形美观等。

（4）附加产品是指产品附带的各种利益的总和，包括运送、安装、维修、技术培训等所有服务项目。

（5）潜在产品是指现有产品可能发展成为未来最终产品的潜在状态的产品。它反映了现有产品可能的演变趋势和前景。

2. 产品的组合策略

产品组合是指某一企业所生产或销售的全部产品线和产品项目的组合或搭配。产品线是指产品组合中的某一产品大类是一组密切相关的产品，这组产品都能满足某种需要，或必须一起使用，或售给同一类消费者，或经由相同的渠道，或在同一价格范围内出售。产品项目是指产品大类中各种不同品种、档次、质量和价格的特定产品。

优化产品组合，可依据不同情况采取不同策略。一般来说，主要有以下几种：

（1）扩大产品组合策略，即在原产品组合中增加产品线，扩大经营范围，或者在原有产品线内增加新的产品项目。企业预测现有产品线的销售额和盈利率在未来可能下降时，就必须考虑在现有产品组合中增加新的产品线，或加强其中有发展潜力的产品线。

（2）缩减产品组合策略。在市场不景气或原料、能源供应紧张时，企业可缩减产品线，剔除那些获利小甚至亏损的产品线或产品项目，集中力量发展获利多的产品线和产品项目。

（3）产品线延伸策略，即全部或部分改变原有产品的市场定位的策略，具体有三种实现方式：① 向下延伸，即在高档产品线中增加低档产品项目；② 向上延伸，即在原有产品线内增加高档产品项目；③ 双向延伸，即原定位于中档产品市场的企业掌握了市场优势以后，向产品线的上下两个方向延伸。

（4）产品线现代化策略。现代社会科技发展突飞猛进，产品开发日新月异，产品的现代化成为一种不可改变的大趋势，产品线也必然需要进行现代化改造。

（5）产品线号召策略，即企业在产品线中选择一个或少数几个产品项目加以精心打造，使之成为颇具特色的号召性产品去吸引消费者。

3. 产品的生命周期策略

产品生命周期是指产品从进入市场开始，直到最终退出市场为止所经历的市场生命循环过程。其一般可分为四个阶段，即导入期、成长期、成熟期和衰退期。

（1）导入期。这一时期，产品刚刚投放市场，产量低，销量增长缓慢，宣传费用高，企业投入较大。同时，由于产品质量和性能还不稳定，以及市场的不确定性因素较多，风险也较大。但是，这一时期同类产品的生产者少，竞争对手少。因此，在这一时期，企业应把握好产品进入市场的时机，设法把销售力量直接投向潜在消费者，使市场尽快接受该产品。

（2）成长期。这一时期，产品的市场局面打开，销量迅速增长，企业利润持续增长，但竞争也日益激烈。该时期企业营销策略的重点应放在创立品牌吸引力、提高消费者偏爱度上，促使消费者在面对竞争者产品时更喜爱本企业的产品，从而提高市场占有率。

（3）成熟期。这一时期，产品已为绝大多数潜在消费者接受，销量增长缓慢，甚至到后期，销量开始负增长。由于竞争加剧，企业的各项成本增加，使其利润水平持平甚至开始下降。该时期企业可选择以下策略来改善这种情况：① 市场改进策略，即开发新市场、寻求新用户；② 产品改进策略，即改进产品的品质或服务后再投放市场；③ 营销组合改进策略，即通过改变定价、销售渠道及促销方式来延长产品成熟期。

（4）衰退期。这一时期，产品的需求量、销量和利润迅速下降，多数竞争者被迫退出市场。因此，在这一时期，企业可将销售维持在一个低水平上，待到适当时机，便停止该产品的经营，退出市场。

（三）价格策略

价格通常是影响交易成败的重要因素，同时又是市场营销组合中最难以确定的因素。企业定价的目标是促进销售，获取利润，这要求企业在定价时既要考虑成本的补偿，又要考虑消费者对价格的接受能力。

价格策略是指企业以按照市场规律确定价格和变动价格等方式来实现其营销目标的营销策略，包括对与定价有关的基本价格、折扣价格、补贴、付款期限、商业信用，以及各种定价方法和定价技巧等可控因素的组合和运用。

1. 定价方法

（1）成本导向定价法，即以产品单位成本为基本依据，加上预期利润来确定产品价格的定价方法。成本导向定价法是企业最常用的定价方法，包括总成本加成定价法、目标收益定价法、边际成本定价法、盈亏平衡定价法等。

（2）需求导向定价法，即根据消费者对产品的需求差异、需求强度和对产品价值的认识来确定产品价格的定价方法，包括认知价值定价法、反向定价法、需求差异定价法等。利用这种方法定价时不需要考虑企业成本和市场竞争情况。

2. 定价策略

（1）撇脂定价策略，即在新产品投放市场的初期，利用消费者求新、求奇的心理动机和竞争对手较少的有利条件，以高价销售，在短期内获得尽可能多的利润，这是一种高价策略。采用撇脂定价策略，必须具备两个基本条件：一是产品必须新颖，具有较明显的质量、性能优势，并且有较大的市场需求量；二是产品必须有特色，且短期内竞争者无法仿制或推出类似产品。

（2）渗透定价策略，即在新产品投放市场的初期，将产品价格定得低于消费者的预期，给消费者以物美价廉的感觉，借此打开销路，占领市场，这是一种低价策略。渗透定价策略适用于资金实力雄厚、生产能力强、在扩大生产以后有降低成本潜力的企业，或者新技术已经公开，竞争者纷纷仿效生产，抑或需求弹性较大，市场上已有替代品的中高档消费品。

（3）满意定价策略，是一种介于撇脂定价策略和渗透定价策略之间的定价策略。其所定的价格比撇脂价格低，比渗透价格要高，是一种中间价。这种定价策略由于能使生产者和消费者都比较满意而得名。

（4）组合定价策略，是指企业根据各种产品之间的价格关系，进行组合定价的一种定价策略。它包括系列产品定价策略、互补产品定价策略和成套产品定价策略。

（5）心理定价策略，是指企业根据消费者的心理，有意识地迎合消费者的某些心理需求而采取的一种定价策略。心理定价策略可以达到扩大市场销售、获得最大效益的目的，主要包括整数定价、尾数定价、声望定价和招徕定价。

（6）折扣定价策略，是指企业对价格做出一定的让步，直接或间接降低价格，以扩大产品销量的一种定价策略。其中，直接折扣的形式有现金折扣、数量折扣、功能折扣和季节折扣，间接折扣的形式有佣金和补贴。

（7）差别定价策略，也称"价格歧视"，是指企业按照两种或两种以上不反映成本费用的差别价格销售某种产品或服务的一种定价策略。它主要包括消费者差别定价、产品形式差别定价、产品部位差别定价和销售时间差别定价。

（四）分销渠道策略

分销渠道策略是指企业以合理选择分销渠道和组织产品实体流通的方式来实现其营销目标的营销策略，包括对与分销渠道有关的渠道覆盖面、产品流转环节、中间商、网点设置，以及储存运输等可控因素的组合和运用。

1. 分销渠道系统的发展

20 世纪 80 年代以来，分销渠道系统突破了由生产者、批发商、零售商和消费者组成的传统模式，产生了垂直渠道系统、水平渠道系统和多渠道系统三种新模式。

（1）垂直渠道系统，是由生产者、批发商和零售商组成的一种统一的联合体。渠道中实力最强的渠道成员将会成为领导者（可以是批发商，也可以是零售商或生产者），渠道成员统一规划，协调行动。

（2）水平渠道系统，是由两个或两个以上独立企业通过某种形式的合作，共同开发新的市场机会而形成的渠道系统。这种合作可能是暂时的，也可能是永久的。这种渠道系统可发挥群体作用，共担风险，获取最佳效益。

（3）多渠道系统，是指企业在一个或几个细分市场，同时使用多种渠道进行营销的渠道系统。这种渠道一般分为两种形式：一是生产者通过多种渠道销售同一品牌的产品，这种形式容易引起不同渠道间激烈的竞争；二是生产者通过多种渠道销售不同品牌的产品。

2. 分销渠道战略决策

在创业初期，绝大多数新企业都会考虑借用现成的外部渠道而不是自建渠道。其中，对于快速消费品企业而言，其自有销售人员的任务主要是开展渠道服务和促销工作；对于耐用消费品企业而言，则会有服务于渠道的销售队伍和外聘的终端促销人员队伍。当品牌发展到一定程度后，企业可以考虑自建销售公司和品牌专卖店。工业品企业一般既有外部渠道也有自建渠道，通常，其自建的销售队伍主要用来开发大客户，而传统的代理或经销渠道主要用来满足中小客户的需求。

> **提　示**

> 快速消费品是指使用寿命较短、消费速度较快的消费品，如日化用品、食品饮料、烟酒等；耐用消费品是指使用寿命较长、一次性投资较大的消费品，如家用电器、家具、汽车等。

3. 分销渠道管理

新企业需要对分销渠道进行长期管理和维护，持续改进渠道绩效。

首先，新企业需要对渠道成员的资源能力、合作意愿和行业口碑等方面进行综合评价，从中选择那些资源能力符合要求、合作意愿强烈且口碑不错的渠道作为合作伙伴。

其次，新企业需要对渠道成员进行培训，包括产品知识和营销技巧的培训，这种培训能直接提高渠道成员的销售能力和意愿。

再次，新企业需要制订一套激励措施，定期给予渠道成员一定的激励，如年终返点、销售竞赛活动奖励等。

最后，新企业需要对渠道成员的绩效进行评估，包括销售指标完成情况、合作水平、特别贡献等方面，对绩效优异的渠道成员进行奖励和经验推广，对于绩效不理想的渠道成员，则寻找原因加以改进，甚至予以更换。

4. 终端销售点选择

终端销售点是企业实现自己经营目标的前沿阵地。企业的产品最终能否销售出去，以及企业最终能否实现理想的经济效益，都与终端销售点的选择和经营密切相关。企业在选择终端销售点时，需要综合考虑产品特性、消费者购买力、消费者活动范围、消费者心理特征、竞争对手情况及销售方式等多种因素。

（五）促销策略

促销策略，也称"宣传策略"，是指企业利用各种信息传播手段刺激消费者的购买欲望，促进产品销售的方式来实现其营销目标的营销策略，包括对与促销有关的广告、人员推销、营业推广及公共关系等可控因素的组合和运用。

1. 广告宣传策略

广告是广告主以促进销售为目的，付出一定的费用，通过特定的媒体传播产品或服务等有关信息的大众传播活动。作为一种传递信息的活动，广告是企业在促销中普遍重视且应用最广的促销方式。

广告宣传一般包括塑造企业及其产品、商标信誉和声望的形象广告；展示、介绍、宣传产品特点和优点的产品广告；刺激消费者购买欲望的产品定位广告；等等。广告宣传的关键是在真实性的前提下，迎合消费者的心理和需求，创新意、出奇招，从而给消费者留下良好且深刻的印象。广告宣传策略需要根据不同的产品、不同的消费群体、不同的市场情况及竞争对手的情况等来制订。

2. 人员推销策略

人员推销是人类社会最古老的促销手段之一。随着市场经济的发展，人员推销的内容不断扩充，成为现代营销一种重要的促销方式。

所谓人员推销，是指推销人员与中间商或消费者进行直接沟通，通过介绍和宣传产品，使中间商或消费者购买的促销方式。与其他促销方式相比，人员推销最大的特点是推销人员直接与目标客户接触，因而能及时了解客户的需求。

人员推销主要包括两种组织形式：一种是建立自己的销售队伍，即利用本企业的推销人员来推销产品，如销售经理、销售代表等；另一种是利用合作的外部销售人员来推销产品，如代理商、经销商等。

3. 营业推广策略

营业推广，也称"销售促进"，是指企业在短期内为了提升销量而采取的各种促销方式，如有奖销售、赠送或试用样品、减价折扣销售等。通过采取这些方式，企业可以有效地刺激消费者的购买欲望，并且能在短期内收到显著的促销效果。

营业推广的好处是可以通过强有力的刺激迅速增加企业的销售收入，但必须注意的是，营业推广的最终目标仍然是实现企业的营销目标。如果营业推广使用不当，急功近利，不但不会吸引消费者，反而会引起消费者的怀疑和反感，进而对企业及企业的品牌造成负面影响。

4. 公共关系宣传策略

公共关系宣传策略是争取潜在消费者的了解、信任和支持，以树立良好的企业和产品信誉、形象的促销策略。它通过对公众态度的估量，从公众利益出发确定企业的促销对策，从而与广泛的潜在消费者交流、沟通。

公共关系宣传策略一般包括以下几种：一是通过大众媒介进行新闻报道，获得公众的了解、信任和支持；二是通过庆祝会、纪念会、赞助社会活动等社会性策略，提高企业的知名度和影响力；三是通过舆论调查、民意测验、投诉、听取意见等征询性策略，了解消费者的看法，增进与消费者的交流。

砥节砺行

不论采取哪种促销策略，经营者都不得违反诚实守信原则，不得发布虚假信息，欺骗和误导消费者。

二、企业的财务管理

财务管理是在一定的整体目标下，关于资产的购置（投资）、资本的融通（筹资）、经营中现金流量（营运资金），以及利润分配的管理。财务管理是企业管理的一个重要组成部分，它是根据财经法规制度，按照财务管理的原则，组织企业财务活动，处理财务关系的一项经济管理工作。

（一）财务管理的职能

（1）算好账。会计核算是企业财务管理的支撑，是企业财务管理最基础、最重要的职能之一。会计核算通过价值手段来记录企业经营过程，反映经营得失，报告经营成果。不过，由于会计核算只有在业务发生后才能进行，因此会计核算属于事后反映。

（2）管好"钱"。对于企业来说，资金的运用与管理是一件非常重要的事情。企业财务部门的重要职能之一就是资金的筹集、调度与监管。简单地说，就是把企业的"钱"管好。

（3）理好关系。企业经营过程中所涉及的财务关系有很多，既有企业内部各部门之间的关系，也有企业与外部各供应商及银行、税务、工商等政府部门之间的关系。财务部门应协调好这些关系。

（4）监控好资产。财务部门可通过定期与不定期的资产抽查与盘点，将企业资产实物与财务记录数据进行对比，查看是否相符，以保证财务记录的真实性，以及企业资产的安全性与完整性。

（5）管好信用。企业的信用政策往往与销售业绩直接联系在一起，根据企业管理中的相互制约原则，企业信用管理工作一般由财务部门负责。管好客户信用，能够降低企业呆坏账的发生率。作为企业财务管理的重要内容之一，信用管理越来越受到企业的重视。

（6）做好参谋。企业财务部门应在会计核算与分析的基础上，为企业生产经营、融资、投资方案等提供好决策数据，做好参谋。

（7）计好绩效。绩效考核中的大部分计算工作都由企业财务部门负责。

（二）财务管理的注意事项

（1）掌握资金运动规律。财务管理人员应注重从公司经济、市场经济、产业经济的角度出发，对财务问题进行多方面的考虑。

（2）更新方法。财务管理人员不但要注重质的分析，更要注重量的分析，应通过专业的财务分析方法与管理工具，优化财务决策。

（3）充实内容。财务管理人员不能只管企业资金的收支，还要熟悉在资本市场上融通资金的业务，有效地进行资金预算和现金计划的编制、应收账款和存货等营运资金的管理与控制、长期投资的可行性研究、投资收益的评估等。

（4）收益与风险的权衡。财务管理人员要能够评价和计量经营风险和财务风险，避免企业承担过高的风险。在追求收益的同时，要努力分散和规避风险。

（5）研究资金成本。财务管理人员要注意探讨不同筹资方式下资金成本的计算方法，以及怎样以最低的代价筹集企业生产经营所必需的资金。

（6）关注财务所涉及的法律问题。财务管理人员有必要了解资本市场的交易规则、各类金融工具的权责关系、举债经营的法律责任等问题，同时还要掌握税法。

（7）研究目标资本结构。财务管理人员要根据企业内外环境的变化，优化企业的资本结构，合理利用经营杠杆和财务杠杆，使企业在良好的财务状态下获得最大的收益。

（8）注意通货膨胀。在进行投资和融资决策及资产管理时，财务管理人员要注意分析通货膨胀对企业财务的影响，合理调整财务数据，以便正确地评价企业的财务状况。

（9）学习国际财务的相关知识，如外汇风险的规避、国际投资与融资等。

（10）确保财务安全。财务管理人员要能够准确评价企业的财务状况，预防出现财务危机。当企业处于财务困境时，要有能力提供相应的对策。

（三）财务管理的关键

1. 加强现金流的预算与控制

企业财务管理首先应关注现金流，而不是会计利润。现金流是企业的命脉，其预算与控制是财务管理的一个关键点。新企业需要通过现金流预算管理来做好现金流控制，确保企业的账上有不少于六个月的现金储备（完成一轮融资通常需要六个月的时间），以避免资金断流。

📖 知识拓展

新企业现金流需求的预测

新企业预测现金流需求，可以按照以下三个步骤进行。

1. 预测收入

预测收入的逻辑很简单，只需要根据产品或服务的定价，对销售进行预测即可。由于新企业大多规模小，初期资金紧张，必须精打细算，对销售要按照月度来做预测。预测最好做两份，一份"保守的"，一份"乐观的"。

以一家运动耳机公司为例，如果采用分销方式销售，可以向分销商了解每月大概可以卖出多少个运动耳机；如果采用直销方式销售，则需要考虑广告的投放。例如，该公司在某杂志上做广告，杂志发行量 10 万份，一般的广告有效率是 2‰～3‰（一些广告测评机构可以提供类似数据），所以一期杂志最多可以带来 300（100 000×3‰）个消费者。

一般来说，投资人会要求创业者做 3～5 年的收入预测。

2．计算成本

成本一般包括以下几种：① 固定成本，具体包括人员工资、房租、保险费、职工福利费、办公费等；② 可变成本，具体包括原材料成本、包装费、运输费等；③ 销售成本，具体包括广告费用、销售费用、客户服务费用等；④ 设备投入，具体包括装修费，办公家具、电脑、服务器、生产设备等物品的采购费。

3．分析和调整

把每月的收入预测和成本预测对应放入同一个时间框架中，就会得出新企业的现金流量表。此时应首先找到收支平衡点，把收支平衡点之前的所有亏损加在一起，就可以得出需要为企业准备的资金数目。

当然，企业的现金流需求预测不是一成不变的，每个月都应该根据企业的实际运营情况进行相应的调整，使之更符合现实、更加优化。如果实际情况和预测总是相差甚远，要及时找出原因并调整，否则应立即停下来，重新考虑企业未来的发展策略。

资料来源：http://www.mba.org.cn/html/2014/de_fengyujingshanglu5_0807/23100.html，有改动

2．仔细权衡投资的回报与付出

即使在产品销售情况良好、短期现金流充裕的情况下，新企业仍然需要全面考虑新增投资的回报率和回收期，以及由新增投资所带来的对企业现有能力的挑战。

3．充分利用产业平台

对于高新企业，应该充分利用所在地区的园区、孵化器等产业平台，争取政府基金及相关政策的支持。这是一种成本相对较低的缓解现金流短缺的方法。孵化器通常是大量政府政策资源的聚集地，孵化器内的新企业在政策资源上有着得天独厚的优势，通过关注、利用政府制定的相关法律条例，创业者有可能争取到政策性低息贷款或无偿扶持基金（如创新基金），以及写字楼或者孵化器提供的廉价房租等。

4．增收节支，开源节流

开源节流是企业经营中最常用的手段和策略。节流不是简单地减少支出，而是通过分析费用支出结构、支出的必要性和经济性，采取相应的措施来改善费用支出的使用效果。

对于新企业来讲，研发费用和销售费用是加强管理和控制的主要对象。在研发投入上，技术偏好创业团队特别容易只关注技术本身而忽略成果的市场需求。在营销投入上，除了规范内部制度外，还需要特别注意以下两个倾向：第一，避免将短期的成功简单地复制到未来的营销策略上；

第二，避免病急乱投医，在企业遇到困难时自乱阵脚。创业团队往往对产品导入期估计不足，实施几次营销策略不见明显成效就会乱了方寸，导致胡乱投入，浪费资金，从而陷入更深的危机之中。

5. 财务风险控制

处于初创期或成长期的企业，需要大量的营运资金来支付快速增加的应付账款，因此，举债经营成为企业发展的途径之一。但是，由于负债要支付利息，债务到期要及时偿还，因此，新企业必须正确、客观地评估财务风险，采取稳健的财务策略。

6. 资金控制

在市场竞争异常激烈的今天，新企业往往不得不用信用形式进行业务交易，从而导致经营中的应收账款的比重较大。应收账款是指尚未收回的货款或所提供服务应得的款项。许多大企业认为可以延迟支付小企业或新企业的欠款，因为小企业或新企业几乎没有讨价议价的能力。另外，许多新企业经常通过更高的信用标准来获得业务，但这样做的隐患很大，许多新企业都是由于未能及时收回欠款而破产的。

应收账款是一个重要的财务控制点。新企业要控制好应收账款，应做到以下几点：一是客观评价客户资信程度；二是建立合理的信用标准；三是对所发生的应收账款和客户加强管理，制订催款计划，定期向赊销客户寄送对账单和催缴欠款通知书，或者拨打催款电话，同时要对有经常性业务往来的赊销客户进行单独管理。

任务训练

一、小组讨论

（1）有些企业为了扩大销量，快速占领市场份额，就采用较低的价格销售产品。你认为这种价格策略有利于品牌的建设吗？为什么？请展开讨论。

（2）请同学们扫一扫右方的二维码，了解格力空调的价格策略。你认同格力的价格策略吗？请展开讨论。

讨论结束后，教师可根据表8-4进行评分。

格力空调的价格策略

表8-4 活动评价表

评分标准	满分	实际得分	备注
积极参与讨论	20		
观点有新意	20		
分析有条理	20		
踊跃发言	20		
表达清晰、流畅	20		
总　分	100		

二、探索活动

企业账务管理体系分析

活动目的：

走访新建企业，运用所学知识分析该企业存在的财务问题。

活动内容：

走访几家新开办的企业，从账务管理的角度来分析其岗位设立是否合理，会计制度是否健全，是否有规范的现金流量预算控制、应收账款控制、成本控制和财务风险控制等。选择其中一家企业，撰写一份 1 000 字左右的分析报告。该报告须说明以下情况：

（1）企业的名称、开办地点、性质、所属行业、主要业务、开办时间和人员构成等情况。

（2）企业开办以来的缴税情况。

（3）企业的现金流量预算控制情况。

（4）企业的应收账款控制情况。

（5）企业的成本控制和风险控制情况。

（6）你认为该企业的账务管理需要改进的地方。

活动提示：

（1）学生可以选择自己住所附近的饭店或商店，通过自己的观察或与经营者交谈，了解企业的基本情况。

（2）为了深入了解企业的财务管理情况，学生可以通过各种途径搜集资料，包括查阅有关文献、咨询专家等。

（3）对于涉及企业商业秘密的数据，不用写得太过具体。

活动检测：

活动结束后，教师可根据表 8-5 进行评分。

表 8-5　活动评价表

评分标准	满分	实际得分	备注
按要求进行访问	20		
按要求撰写分析报告	20		
分析报告写得准确、合理	20		
能提出合理的改进建议	20		
积极参与活动实施	20		
总　分	100		

三、能力训练

（1）不知从何时开始，人们买衣服的观念悄悄地发生了变化：挑选衣服去实体店铺，购买衣服却在网上。当他们在网上看到一件心仪的品牌服装，却对面料、尺寸等问题拿不准时，往往会去品牌的实体店铺查看商品并试穿，试穿满意后，再到网上购买。因此，当收到自己网购的服装时，他们已经知道这件衣服是自己满意的了。

请问：

① 你认为互联网时代的购物模式与传统购物模式有哪些不同？

② 人们为什么喜欢线下体验、线上购买？请你分析一下，这说明了人们的什么心理？

③ 给选定的服装品牌设计一种新的营销模式，并说明理由。

（2）分析企业资金管理过程中常出现的一些问题，根据拟创办企业的自身情况，制订企业现金管理和使用的制度，提出公司成本控制的有效措施。

要求：

① 了解企业所属行业的资金运作特点。

② 通过网络等途径搜集相关行业企业的资金运作情况。

③ 讨论同行企业的资金运作特点，总结可以借鉴的经验。

四、视频推荐

观看视频《中国品牌故事：格力电器》。

推荐理由：

珠海格力电器股份有限公司（以下简称"格力电器"）成立于 1991 年，创业初期只有一条简陋的、年产量不超过 2 万台窗式空调的生产线。1994 年至 1996 年，格力电器开始以质量为中心，提出了"出精品，创名牌，上规模，创世界一流水平"的质量方针，建立和完善质量管理体系，推行"零缺陷工程"，使公司产品在质量上实现了质的飞跃。2005 年，格力电器实现销售收入 196 亿元，实现利润总额 7.4 亿元，出口创汇 5.5 亿美元。2014 年，格力电器实现营业总收入 1 400.05 亿元，实现净利润 141.55 亿元。2015 年，格力电器挺进福布斯全球 500 强，排名第 385 位。

观看视频后，请思考以下问题：

（1）格力电器的品牌定位是什么？

（2）格力电器是如何打造自身品牌效应的？

（3）你认为格力电器未来的发展方向是什么？

任务三　掌握企业的成长及管理策略

名人语录

作企业要讲究竞合环境。现在全世界的环境也是一个竞合环境。得意不可忘形，失意不可丢失信念。

——杨宁

制定正确的战略固然重要，但更重要的是战略的执行。

——杨元庆

问题导入

新企业成立后，尤其是处于创业初期和发展期时，企业的经营与管理至关重要，关系到企业能否长久发展。在进行下面的学习之前，请同学们思考以下问题。

（1）新企业成长的驱动因素有哪些？

（2）创业者应如何进行新企业成长管理？

知识链接

一、企业的生命周期

通常来说，企业成立后需要经历初创期、成长期、成熟期和衰退期四个阶段。

（一）初创期

初创期是企业不断摸索、学习和求得生存的阶段。在这一时期，企业刚刚成立，创始人的素质和管理风格成为一切管理的核心。由于缺乏经验，对经营方针也比较模糊，创始人往往很难建立规范的规章制度，因此，企业的管理尚处于不稳定的状态中，没有明确的战略和成型的企业文化，经常被意想不到的危机所左右。但也正由于这一阶段的管理没有成型，企业的创新能力是最强的。

随着企业的成长，当具有创造性思想但管理不正规的企业创始人被过多细小的事务和具体的经营问题所困扰，不再能够有效地管理企业时，就会开始对企业进行变革，调整企业的组织结构并建立一个正规的领导班子，从而使企业顺利过渡到成长期。

（二）成长期

成长期是企业快速发展的阶段。在这一阶段，企业的产品开始被客户接受，市场份额不断扩大，销售能力也不断增强，虽然在发展速度上可能会有所波动，但总体上能够保持较高的增长水平。不过，成长期的企业也会面临许多问题，如企业管理水平低下、运行效率不高、销售额虽在持续增长但利润却没有起色等。

其中，人力资源管理是成长期企业面临的一个重要问题。例如，企业引进的职业经理人所奉行的管理模式可能会与创始人的管理模式存在矛盾，从而导致企业内部管理出现一定的混乱；由于员工可能缺乏对企业发展方向的理解，从而导致人员流动性过高；等等。总之，在这一阶段，创始人应当努力完善企业的规章制度，使企业的组织形式真正发挥作用，逐步走上规范的发展轨道。

（三）成熟期

成熟期是指企业扩张到一定程度，市场占有率和收益达到最大化，企业声誉卓著的时期。进入成熟期后，企业的主要业务已经稳定下来，产品销售额能够保持在较高和较稳定的水平。同时，这一时期，企业的灵活性和可控性较高，组织形式与职能能够达到平衡。此外，企业的业务经验已比较丰富，能根据需求变化及时开发新产品，产品标准化也有所提高，并已经通过各种媒体渠道在公众中树立了良好的形象。

在这一阶段，企业管理人员的管理水平已有明显提高，各项管理制度也更为完善和专业，因此，因管理失误带来的风险大量减少。

但是，稳定的经营状况持续一段时间之后，企业的管理就开始变得僵化。各种极具约束力的规章制度也使这一时期的企业逐渐丧失活力，趋向保守，使企业的创新能力受到极大限制。

（四）衰退期

衰退期是企业生命周期中的最后一个阶段，具有以下几个特征：一是资金越来越多地花在控制系统、福利和一般设备上；二是企业越来越强调做事的方式，而不问行事的原因、内容和结果；三是企业内部越来越缺乏创新机制。在衰退期，企业内部冲突不断、谣言四起，各部门的注意力越来越集中到内部地位争夺上，官僚主义盛行，员工更多地强调是谁造成了问题，而很少考虑如何解决问题。

对于任何企业来说，不论其规模多么庞大、业绩如何辉煌，都会经历衰退期。衰退的原因可能是企业文化缺乏创新，也可能是竞争激烈带来的市场饱和，还可能是管理方式的落后。

二、企业成长的驱动因素

（一）创业者

创业者是初创企业的决策者和领导者，对企业的成长具有重要的作用。具体来说，初创企业能否快速成长取决于创业者的两项素质——创新能力和成长欲望。

1. 创业者的创新能力

创业者勇于挑战，具备识别和把握机会的能力，能把各种资源从生产率较低、产量较小的领域转到生产率较高、产量较大的领域，从而使新企业具有创新优势，并赢得快速成长的机会。

2. 创业者的成长欲望

在企业生产产品并投入市场，最终获得一定的利润后，创业者一般并不满足于现状，而是将利润进行再投资，以使企业快速成长，更多地占领市场份额。创业者这种勇往直前的激情，使其在实现企业目标的过程中表现得更加坚决、乐观和持之以恒，这种高成就动机不仅使消费者、资源提供者及企业员工深深信服，更能激发团队成员的工作热情，进而实现企业的快速发展。

（二）创业团队

1. 创业团队的创业精神

创业精神表现为创业欲望、决心和干劲等，也彰显着团队的创业价值观。创业价值观作为创业精神的核心，对初创企业的价值取向起着引领和支配作用，并能在企业成长过程中形成创业战略与创业文化。

2. 创业团队的专业水平

专业水平主要是指创业团队在技术、营销、管理方面的专业素质和能力水平，它属于技术层面的特征。专业水平作为创业团队推动企业成长的实践动力，在很大程度上体现了创业团队的价值。创业团队的专业水平越高，企业的成长之路会越顺利，也越容易取得成功。

3. 创业团队的组织方式

组织方式主要体现为创业团队的组织形式和治理结构，属于运作机制和制度范畴层面的特征，对创业团队起着激发创业热情、管理创业活动、提高创业能力的保障作用。实践表明，创业团队的组织方式能在新企业战略制订、经营管理、人才吸引和技术创新等方面起到强大的促进作用。

（三）市场

在市场经济的背景下，市场是企业生存的根本。企业进入成长期后，面临着更加激烈的市场竞争，其成长与发展往往举步维艰。但是，企业在供应商的竞价力、消费者的满意度、新进入企业的威胁、替代品的冲击等因素的驱动下，也会快速成长。

1. 供应商的竞价力

供应商主要通过提高原材料价格与降低原材料质量来影响企业的产品竞争力与盈利能力。而供应商力量的强弱主要取决于他们所提供给企业的原材料的稀缺程度、不可替代程度等。为削弱或消除供应商竞价力的影响，企业必须寻找多家供应商，以保证供应渠道的畅通、稳定，进而降低长期原材料购买成本，从而促进自身的成长。

2. 消费者的满意度

消费者通过压价或要求企业提供较好的产品或服务来影响企业的产品竞争力与盈利能力。消费者对企业成长的驱动力量主要取决于其对产品或服务偏好的变化、所需产品的数量、购买其他替代产品所需的成本和所追求的购买目标。这就促使企业必须提供消费者所追求的产品或服务，同时不断提升消费者对产品或服务的满意度，从而促进自身的成长。

3. 新进入企业的威胁

新进入企业可能会与企业发生原材料和市场份额的竞争，从而影响企业的盈利水平，甚至可能危及企业的生存。这种威胁会迫使企业调整经营策略，如扩大批量生产、降低生产成本、改变营销方式等，从而增强市场竞争力、促进自身的成长。

4．替代品的冲击

当有替代品进入市场时，一方面，企业可能会因替代品的出现而导致盈利能力降低，使成长受到制约；另一方面，由于替代品生产企业的侵入，企业必须提高产品质量、进行产品改良、实现产品创新、逐步实现产品的多元化和系列化，以提高产品的价值空间，不断提高消费者的满意度，进而促进自身的快速成长。

（四）组织资源

组织资源一般是指企业的各类管理系统，包括企业的组织结构、作业流程、工作规范、信息沟通、决策体系、质量系统，以及正式和非正式的计划等。完备的组织资源与企业的市场占有率、销售量和现金流量有着直接的关系。一个新企业能够有效控制和科学利用组织资源，关注组织资源基本要素之间的契合度，在趋于合理的组织结构、再造整合的作业流程、日益科学的工作规范、准确有效的信息沟通等要素的共同作用下，形成竞争优势，才能获得市场占有率和销售业绩的提升，实现自身的成长与发展。

三、企业成长的管理策略

新企业的成长与发展是一个动态的过程，是在变革创新和强化管理的基础上，通过各种资源的不断积累与整合，从而实现企业的可持续发展。新企业成长的管理策略主要有以下几个方面的内容。

（一）整合外部资源

由于新企业的规模小，各种资源相对匮乏，为了在不确定的环境中持续成长，新企业必须学会整合外部资源，发挥资源的杠杆效应。为此，新企业可通过缔结战略联盟、首次公开上市等方式实现企业成长。

1．缔结战略联盟

新企业可通过缔结垂直联盟，使处于营销上下游环节上的不同企业（如供应商、制造商、经销商等）可以共享利益、共担风险、长期合作，如图 8-2 所示。新企业还可以缔结水平联盟，使不同行业的企业共担营销费用，并在产品促销、营销宣传、品牌建设等方面实现资源共享，如生产刀具的企业与生产厨房电器的企业联盟。

2．首次公开上市

新企业发展到一定的规模，符合首次公开上市的要求时，就可选择这一管理策略。公开上市

图 8-2　缔结战略联盟

可为企业带来以下好处：首先，能在资本市场上获取企业发展所需要的大量资本，并使其他金融机

构增强对企业的信心，从而提升企业的融资能力；其次，可以提高企业的知名度，也可以提高企业在利益相关者（如消费者、供应商和投资者）心目中的可信度；再次，能为创业者在短期内创造大量财富，实现财富聚集；最后，可为企业员工和股东创造财富，使大家对企业的发展更有信心。

（二）及时实现从创造资源到管好用好资源的转变

从创造资源到管好用好资源是指企业在开发各种生产经营所必需的资源的同时，也应采取必要的措施，加强对各种资源的管理，并充分利用已开发的资源为企业创造更大的价值，实现创造与利用并举。

若企业只注重创造资源，忽视对所创造的价值进行科学管理和有效利用，则容易导致某些资源被企业内部员工占用，使企业蒙受经济损失，还可能会在无形中培养出一批同行业竞争对手。相反，若企业在生产经营中树立创造资源、管理资源和利用资源并重的管理理念与经营思想，建立起良好的企业资源管理制度和资源利用监督机制，加强对企业员工、核心技术、关键设备、客户关系等的管理，则可以确保企业的核心竞争力不受侵蚀，进而确保企业利润保持在稳定的水平上，从而使企业在市场竞争中始终占据优势。

（三）形成比较固定的企业价值观和文化氛围

企业价值观是在长期生产经营活动中逐渐形成的，是由企业的管理者和员工共同分享的价值观念，是企业成长与发展的灵魂。企业一般以企业宗旨、企业精神、企业经营理念等形式，将自身的价值观传递给员工，使员工明确企业的目标，领悟企业的精神，并努力把企业的价值追求内化为生产经营的实际行动。

企业价值观虽然是无形的，却融入了企业成长的全过程，渗透在企业

什么是企业价值观？

生产经营的方方面面，如怎样与员工分享财富与成功，以何种方式回报社区与社会，如何利用和节约资源、保护生态环境等。

企业文化氛围是由企业员工对企业使命和愿景的期望及创业者的目标、理念和态度共同形成的，是企业应对成长过程中出现的一系列问题的关键。新企业在制定兼顾长远目标的短期目标、设立高水平的道德标准、激发员工个人的能动性、采用特定的管理方式、打造清晰的团队精神等方面所形成的文化氛围，会对企业的绩效产生十分显著的影响。主要原因是，员工清楚创业者及管理团队的目标追求与管理方式后，其在生产经营中的付出与努力将直接反映在企业业绩上，从而促进新企业成长。

拓展阅读

知名企业的核心价值观

华为

以人为本、尊重个性、集体奋斗，视人才为公司的最大财富而不迁就人才；在独立自主的基础上开放合作和创造性地发展世界领先的核心技术体系，崇尚创新精神和敬业精神；爱祖国、爱人民、爱事业和爱生活，绝不让"雷锋"吃亏；在顾客、员工与合作者之间结成利益共同体。

三一集团

先做人，后做事。

中兴

互相尊重，忠于中兴事业

精诚服务，凝聚顾客身上

拼搏创新，集成中兴名牌

科学管理，提高企业效益

资料来源：https://wenku.baidu.com/view/81154122aaea998fcc220ecc.html，有改动

（四）注重用成长的方式解决成长过程中出现的问题

用成长的方式解决成长过程中出现的问题，其本质是不断变革。随着企业的成长，企业的规模在不断壮大，效益越来越好，社会地位越来越高。与此同时，企业的管理也越来越复杂。为此，企业可通过以下途径来解决成长过程中出现的各种问题。

1. 创新人力资源管理

人力资源是企业实行变革与创新最重要的因素，即企业实行变革与创新需要强有力的管理团队和高素质的管理人员。为此，企业应采取积极的人力资源政策，加大人力资源管理创新的力度。例如，通过创新人才内部培养机制，开发企业现有人才的潜力；通过创新人才引进机制，为企业引进高层次人才；通过创新利益分配机制，留住人才。

2. 创新经营管理体系

企业的经营管理体系涉及员工招聘与培训，物资采购，产品生产、运输、销售等各个环节。随着企业的成长，其经营管理越来越复杂。因此，企业只有不断变革，构建更加科学、合理的经营管理体系，才能适应企业成长的需要。

3. 掌握变革与创新的切入点

进入成长期的企业要善于把握变革与创新的切入点，或从经营策略切入，或从竞争策略切入，或从售后服务切入，由点及面，逐步推进。这样做的好处是成本小、见效快，失控的可能性小。即使在变革与创新的过程中出现一些问题，也能及时止损、快速调整。

（五）从过分追求速度到突出企业的价值增加

新企业的成长主要表现为规模的扩大，具体体现在销售额的增长与利润的增加上。但是，企业过分追求发展速度，往往导致销售额增长很快，但利润却没有增加。因此，新企业发展到一定程度时，通过企业经营结构、组织结构和技术结构等方面的更新与完善，企业内部资源的合理配置和企业核心竞争力的增强，使企业从追求发展速度的提升转向企业的价值增加。

任务训练

能力训练

选择一个你比较熟悉的行业，从中选择两个有代表性的企业作为研究对象，对这两个企业进行对比分析。分析的内容包括企业的成长历程、企业成长的驱动因素、企业的成长管理策略，并谈谈你所获得的启示。

活动结束后，教师可根据表8-6进行评分。

表8-6　活动评价表

评分标准	满分	实际得分	备注
能准确分析不同企业的成长历程	25		
能准确分析不同企业成长的驱动因素	25		
能准确分析不同企业的成长管理策略	25		
能从中获得一定的启示	25		
总　分	100		

项目实训——创业模拟

随着移动互联网的兴起，微商作为一个新名词诞生了。很多在职人员、全职妈妈、在校学生开始做微商，其中不乏成功人士。然而，由于加入微商的门槛太低，很难保证每个微商都会规范经营，最终造成市场鱼龙混杂，大量三无产品充斥于市场，消费者对微商的信任程度正在逐渐降低。

小丽是某高职院校的一名学生，希望利用课余时间进行创业。经过仔细考虑，她觉得虽然消费者对微商的信任度降低，但如果有好的创意和点子，在互联网平台上开店并非不能赚钱；而且做微商成本低、时间自由，正好适合她这样的学生进行创业。

请大家为小丽的创业项目出谋划策，主要内容包括：

（1）哪些有创意的产品可能从众多微商产品中脱颖而出？

（2）如何进行创意营销，将经营的产品推广出去？

（3）除微信平台外，还有哪些平台适合小丽创业？

以团队为单位分享自己的好点子，采用头脑风暴法对其进行完善，形成可行性方案。方案内容应包括：团队人员及各自职责、供货渠道及供货商、微店的设计及商品资料的发布、微店的日常经营管理（业务洽谈、售后服务、微店的营销与推广）等。

附录 创新创业相关大赛

（一）中国国际"互联网+"大学生创新创业大赛

为贯彻落实《国务院办公厅关于深化高等学校创新创业教育改革的实施意见》，教育部、中央网络安全和信息化委员会办公室、国家发展和改革委员会、工业和信息化部、人力资源和社会保障部、国家知识产权局、中国科学院、中国工程院、中国共产主义青年团中央委员会和省级人民政府等自2015年开始共同举办中国国际"互联网+"大学生创新创业大赛（原名为中国"互联网+"大学生创新创业大赛，于2020年更名），每年举办一次。

中国国际"互联网+"大学生创新创业大赛已成为我国深化创新创业教育改革的重要载体和关键平台，并实现了基础教育、职业教育、高等教育的贯通，引导学生树立创新意识，拓展创新思维，广泛开展创新活动。

大赛主题、目的与任务、总体安排、具体组织机构、参赛项目要求、比赛赛制和赛程安排等以教育部发布的关于举办中国国际"互联网+"大学生创新创业大赛的通知为准。参赛团队可通过登录"全国大学生创业服务网"（网址为"https://cy.ncss.cn"）或微信公众号（名称为"全国大学生创业服务网"或"中国互联网+大学生创新创业大赛"）任一方式进行报名。

（二）"挑战杯"全国大学生系列科技学术竞赛

"挑战杯"全国大学生系列科技学术竞赛（简称"挑战杯"），是由中国共产主义青年团中央委员会、中国科学技术协会、教育部、中国社会科学院和中华全国学生联合会等共同主办的全国性的大学生课外学术科技活动。"挑战杯"在中国共有两个并列项目：一个是"挑战杯"全国大学生课外学术科技作品竞赛；另一个是"挑战杯"中国大学生创业计划竞赛。这两个项目的全国竞赛交叉轮流开展，每个项目每两年举办一次。

1. "挑战杯"全国大学生课外学术科技作品竞赛

"挑战杯"全国大学生课外学术科技作品竞赛是一项具有导向性、示范性和权威性的全国竞赛活动。自1986年首届竞赛举办以来，该竞赛始终坚持"崇尚科学、追求真知、勤奋学习、锐意创新、迎接挑战"的宗旨，在促进青年创新人才成长、深化高校素质教育、推动经济社会发展等方面发挥了积极作用，在广大高校乃至社会上产生了广泛而良好的影响，被誉为当代大学生科技创新的"奥林匹克"盛会。

凡在举办竞赛终审决赛的当年7月1日前正式注册的全日制非成人教育的各类高等院校在校专科生、本科生、硕士研究生和博士研究生（均不含在职研究生）均可申报作品参赛。

2. "挑战杯"中国大学生创业计划竞赛

"挑战杯"中国大学生创业计划竞赛又称"商业计划竞赛"，是风靡全球高校的重要赛事。作为学生科技活动的新载体，商业计划竞赛在培养复合型、创新型人才，促进高校产学研结合，推动国内风险投资体系建立方面发挥出越来越积极的作用。

该竞赛采取学校、省（自治区、直辖市）和全国三级赛制，分预赛、复赛和决赛3个赛段进行。

从零到卓越——创新与创业导论

它借用风险投资的运作模式，要求参赛者组成优势互补的竞赛小组，提出一项具有市场前景的技术、产品或服务，并围绕这一技术、产品或服务，以获得风险投资为目的，完成一份完整、具体、深入的创业计划。

（三）"创青春"全国大学生创业大赛

为适应大学生创业发展的形势需要，中国共产主义青年团中央委员会、教育部、人力资源和社会保障部、中国科学技术协会、中华全国学生联合会决定，在原有"挑战杯"中国大学生创业计划竞赛的基础上，自2014年起共同组织开展"创青春"全国大学生创业大赛，每两年举办一次。

大赛以"培养创新意识、启迪创意思维、提升创造能力、造就创业人才"为宗旨，下设大学生创业计划竞赛（即"挑战杯"中国大学生创业计划竞赛）、创业实践挑战赛、公益创业赛3项主体赛事。其中，大学生创业计划竞赛面向高等学校在校学生，以创业计划书评审、现场答辩等作为参赛项目的主要评价内容；创业实践挑战赛面向高等学校在校学生或毕业未满3年的高校毕业生，且应已投入实际创业3个月以上，以盈利状况、发展前景等作为参赛项目的主要评价内容；公益创业赛面向高等学校在校学生，以创办非营利性社会组织的计划和实践等作为参赛项目的主要评价内容。

（四）中国创新创业大赛

中国创新创业大赛是由科学技术部、财政部、教育部、国家互联网信息办公室和中华全国工商业联合会共同指导举办的一项以"科技创新，成就大业"为主题的全国性创业比赛。

大赛深入贯彻落实创新驱动发展战略和党中央、国务院重大决策部署，秉承"政府引导、公益支持、市场机制"的模式，聚焦国家战略和重大需求，突出战略性新兴产业重点领域，以企业为主体、市场为导向，搭建众扶平台，引导集聚政府、市场和社会资源支持创新创业，大力促进科技创新，切实增强微观主体活力，不断培育发展新动能，积极服务和推动经济高质量发展。

大赛主题、组织机构、参赛条件、地方赛工作流程、专业赛工作方向、全国赛比赛安排等以中国创新创业大赛官网（网址为"www.cxcyds.com"）发布的关于举办中国创新创业大赛组织方案为准。大赛官网是报名参赛的唯一渠道，其他报名渠道均无效。

（五）"创客中国"中小企业创新创业大赛

为激发创新潜力，集聚创业资源，营造"双创"氛围，共同打造为中小企业和创客提供交流展示、产融对接、项目孵化的平台，发掘和培育一批优秀项目和优秀团队，催生新产品、新技术、新模式和新业态；提升中小企业专业化能力和水平，推动中小企业转型升级和成长为专精特新"小巨人"企业，促进大中小企业协同创新发展，助力制造强国和网络强国建设，工业和信息化部与财政部共同举办了"创客中国"中小企业创新创业大赛。

符合条件的企业和创客（以下统称为"参赛者"）均可通过大赛官网注册报名参赛，未注册登记的参赛者不得参加大赛。大赛不向参赛者收取任何费用。

大赛由区域赛、专题赛和总决赛组成。其中，区域赛由省级中小企业主管部门牵头主办，着力发掘和推荐本地区、本领域创新能力较强、发展潜力较大的中小微企业；专题赛由秘书处办公室会同国内外行业协会、大企业、园区（中外合作区），工业和信息化部部属各高校和地方政府等主办，聚焦中小企业发展热点、难点问题，聚焦实体经济和制造业，聚焦行业和专业领域关键技术和创新产品；总决赛由工业和信息化部、财政部主办，具体由工业和信息化部信息中心、所在地省级中小企业主管部门承办，推荐通过区域赛和专题赛的优秀项目参加，采取"现场演示和答辩、当场亮分"的评选方式。

参考文献

[1] 李伟，张世辉. 创新创业教程. [M]. 北京：清华大学出版社，2015.

[2] 张耀辉，朱锋. 创业基础 [M]. 广州：暨南大学出版社，2013.

[3] 刘辉，李强，王秀艳. 大学生创新创业教程 [M]. 上海：上海交通大学出版社，2016.

[4] 吴晓义. 创业基础 [M]. 北京：中国人民大学出版社，2018.

[5] 李肖鸣，朱建新. 大学生创业基础 [M]. 第2版. 北京：清华大学出版社，2013.

[6] 冯丽霞，王若洪. 创新与创业能力培养 [M]. 北京：清华大学出版社，2013.

[7] 袁凤英，王秀红，黄敏. 创新创业能力训练 [M]. 北京：中国书籍出版社，2014.

[8] 张德山. 大学生创业教育 [M]. 镇江：江苏大学出版社，2015.

[9] 张德山. 大学生创业教育案例分析 [M]. 镇江：江苏大学出版社，2015.

[10] 杨建平，蒙秀琼. 大学生就业与创业指导 [M]. 北京：航空工业出版社，2015.

[11] 章小莲. 大学生就业与创业指导 [M]. 北京：航空工业出版社，2015.

[12] 李贞. 职业生涯规划与创业指导 [M]. 镇江：江苏大学出版社，2013.

[13] 李家华. 创业基础 [M]. 北京：北京师范大学出版社，2013.

[14] 张玉利. 创业管理 [M]. 第2版. 北京：机械工业出版社，2011.

[15] 李时椿，常建坤. 创新与创业管理 [M]. 南京：南京大学出版社，2017.

[16] "互联网+"大学生创新创业大赛实用指导手册 [M]. 北京：航空工业出版社，2022.

[17] "互联网+"大学生创新创业基础与实践 [M]. 北京：科学出版社，2022.